평신도용

요한계시록

Revelation

평신도용

요한계시록

저자 권영구

초판발행 2024년 6월 28일

펴낸곳 기적

등록번호 제 390-2023-000032호

주소 경기도 광명시 하안로 60 광명테크노파크 E동 E1015호

전화번호 02) 2617-2044

FAX 02) 899-9189

홈페이지 www.cross9191.com / www.52ch.kr

구입문의 02) 2617-2044, 2615-0019

ISBN 979-11-987239-0-1 93230

값 15,000원

평신도용

요한계시록

Revelation

요한계시록을 쉽게 이해하고 싶은 분
평신도가 읽고 이해할 수 있는 해석
세상 종말의 때를 알고 싶은 분
어떤 성도가 들림받는지 알고 싶은 분
어떤 성도가 들림받지 못하는지 알고 싶은 분
들림 사건 후 남은 자가 구원받는 길

———— 권영구 지음 ————

기적

머리말

　요한계시록을 배우기 위해 여러 목사님의 강의와 세미나를 들었습니다. 하지만 이해할 것 같으면서 집에 와서 다시 읽어보면 이해가 안 되는 곳이 많았습니다.

　그런데 요한계시록을 읽어도 어렵고, 강의를 들어도 어렵던 내용이 지난해부터 쉽게 이해되기 시작하였습니다.

　코로나19가 시작되면서부터 우리 교회 성도들에게 21일 특별새벽기도회 때마다 매년 요한계시록 설교를 하였습니다. 그러면서 모르던 내용들이 이해되기 시작하였습니다.

　금년에도 특별새벽기도회를 진행하면서 요한계시록을 확실하게 깨닫게 되어, 책으로 기록하면 많은 사람에게 도움이 되겠다는 생각으로 이 책을 썼습니다.

　이 책을 읽고 많은 도움이 되기를 진심으로 바랍니다.

　그동안 예수님의 재림을 배운 대로 '7년 대환난'이라는 기간에 맞추어 같은 방식으로 풀다 보니 해석이 안 되는 곳이 많아 어려웠습니다. 그러나 예수님의 재림은 세 가지 화로 풀어야 쉽게 이해된다는 것을 알았습니다.

　첫째 화를 이해하고, 둘째 화를 이해하고, 셋째 화를 이해하면 쉽게 풀어집니다. 이 풀이 과정을 공개하니 요한계시록을 이해하고자 하는 많은 분이 예수님의 재림을 믿고 준비된 신앙을 가지기를 바랍니다.

　요한계시록 해석은 문자적으로 해석할 곳이 있고 상징적으로 해석할 곳이 있습니다. 그리고 영적으로 해석할 곳이 있으며 비유적으로 해석할 곳도 있습니다. 또 실제 사건으로 해석해야 할 곳도 있습니다. 그래서 어렵습니다. 나는 모르는 곳은 모른다고 하였습니다.

이 책을 쓰는 이유는,

첫째는 요한계시록을 쉽게 이해하라고 씁니다.

둘째는 예수님의 재림을 인지하여 준비하라고 씁니다.

셋째는 들림받지 못하는 성도들을 위해 대환난에서도 깨닫고 구원받는 길을 알려 주려고 씁니다.

넷째는 이단들이 예수 그리스도의 재림과 심판을 악용하는 데에 속지 말라고 씁니다.

다섯째는 기존 교회도 요한계시록을 잘못 해석하는 곳이 많은데 바르게 분별하라고 씁니다.

마지막으로 우리는 예수 그리스도의 재림과 심판은 믿어야 합니다. 하지만 종말론에 빠지면 안 됩니다.

내일 예수님이 오신다고 해도 오늘 우리는 '사과나무'를 심어야 합니다. 즉, 정상적으로 모든 일을 하며 살아야 한다는 말입니다.

이 책을 읽는 모든 분들에게 유익하기를 기원합니다.

2024년 3월 29일

영흥도에서 권영구 목사

차례

제1부 심판 전 교회와 하늘 모습

제2부 세상 심판과 재앙

요한계시록 요약과 설명

요한계시록은 알면 아주 쉽게 풀립니다.

그러나 모르면 어렵게 여겨져 이해하기 힘듭니다.

그동안 요한계시록을 7년 대환난과 7인 재앙, 7나팔 재앙, 7대접 재앙으로 풀었습니다.

그렇게 배웠는데 이해가 안 되었습니다.

요한계시록은 세 가지 화로 풀어야 바르게 이해가 됩니다.

요한계시록을 요약하면

1장은	기록하게 된 동기
2장~3장은	심판받는 교회와 칭찬받는 교회
4장은	하늘 보좌 모습
5장은	누가 심판할 자격이 있는가
6장~9장 12절은	첫째 화 기간
9장 13절~11장 14절은	둘째 화 기간
11장 15절~16장은	셋째 화 기간
17장은	음녀 심판
18장은	큰 성 바벨론 심판
19장은	혼인잔치와 땅 심판
17장~19장은	셋째 화 기간의 심판을 자세히 설명
20장은	무저갱과 천년왕국
21장~22장은	천국의 모습

이렇게 간단하게 되어 있습니다.

이것을 더욱 요약하면

1. 심판 전 모습(1장~5장)
2. 심판 때 모습(6장~19장)
3. 심판 후 모습(20장~22장)

세 가지 화를 더 세분하면

첫째 화는 7인 재앙과 다섯째 나팔 재앙까지입니다(계 6:1~9:11).
　기간은 알 수 없고 여섯째 인 재앙 후 들림 사건이 일어날 수도 있습니다.

둘째 화는 6번째 나팔 재앙과 일곱 우레 재앙입니다(계 9:12~11:13).
　두 증인이 1,260일 예언 활동을 합니다.
　기간은 알 수 없습니다. 3년 반이 아닙니다.
　거룩한 성이 42달동안 짓밟히고 두 증인이 활동하는데, 시작이 두 번째 화 시작할 때라고 말하지 않습니다. 그리고 두 사건이 둘째 화 끝나는 11장에 기록되어 있습니다. 그래서 더욱 기간을 알 수 없습니다.

셋째 화는 7번째 나팔을 불면서 시작됩니다(계 11:14~19:21).
　용이 기독교를 핍박합니다.
　구원받는 성도는 피난처로 옮겨집니다.
　용이 두 짐승을 세우고 짐승표인 666을 받게 합니다.
　두 짐승의 활동기간은 42달이라고 합니다. 그러므로 셋째 화 기간은 3년 반입니다.
　하나님은 알곡과 가라지 심판을 하고 마지막 심판인 7대접 심판을 내립니다. 그러면서 보충설명을 합니다.
　먼저 이 기간에 음녀를 심판하고(17장), 바벨론(세상)을 심판합니다(18장).
　그 기간에 하늘에서는 공중 혼인 잔치가 있고(19장), 땅에는 심판이 있습니다.

이것으로 땅의 심판이 끝납니다.
그리고 심판 후의 세계를 말씀합니다.
20장은 무저갱과 천년왕국 이야기이고
21장~22장은 새로운 하늘나라의 모습입니다.

이렇게 요한계시록은 마무리됩니다. 이렇게 이해하면 쉽게 보입니다.

REVELATION

1. 요한계시록 도표

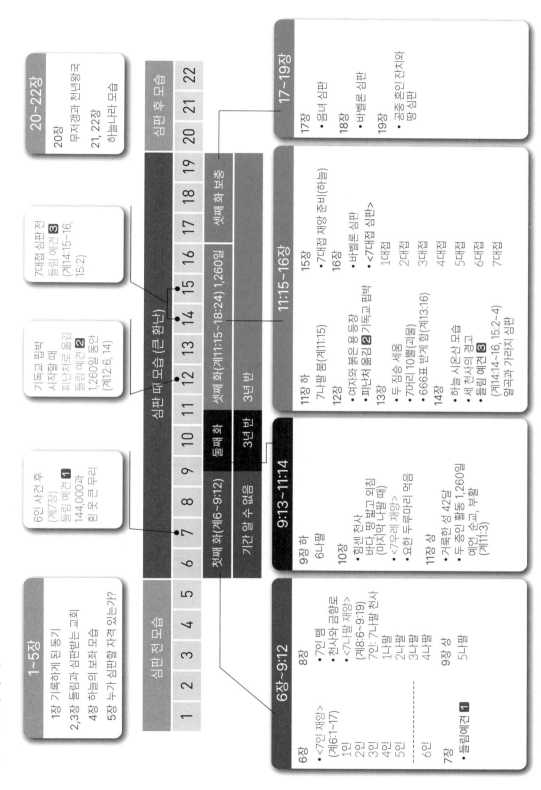

1~5장
- 1장 기록하게 된 동기
- 2,3장 들림과 심판받는 교회
- 4장 하늘의 보좌 모습
- 5장 누가 심판할 자격 있는가?

6인 사건 후 (제7장)
들림 예견 **1**
144,000과 흰 옷 큰 무리

기독교 핍박 시작할 때 피난처로 올림
들림 예견 **2**
1,260일 동안 (계12:6, 14)

7대접 심판 전
들림 예견 **3** (계14:15~16, 15:2)

20~22장
- 20장 무저갱과 천년왕국
- 21, 22장 하늘나라 모습

심판 전 모습					심판 때 모습 (큰 환난)											심판 후 모습		
1	2	3	4	5	6	7	8	9	10	11	12	13	14	15	16	17	18	19	20	21	22

첫째 화(계6~9:12) · 둘째 화 · 셋째 화(계11:15~18:24) 1,260일 · 셋째 화 보충

기간 알 수 없음 · 3년 반 · 3년 반

9:13~11:14

11:15~16장

17~19장

6장~9:12
6장
- <7인 제앙> (계6:1-17)
  - 1인
  - 2인
  - 3인
  - 4인
  - 5인

  - 6인
7장
- 들림예견 **1**

8장
- 7인 뗌
- 천사와 금향로
- <7나팔 제앙> (계8:6~9:19)
  - 7인: 7나팔 전사
  - 1나팔
  - 2나팔
  - 3나팔
  - 4나팔
9장 상
- 5나팔

9:13~11:14
9장 하
- 6나팔
10장
- 힘센 천사 바다, 땅 밟고 외침 (마지막 나팔 때)
- <우뢰 제앙>
- 요한 두루마리 먹음
11장 상
- 거룩한 성 42달
- 두 증인 활동 1,260일 예언, 순교, 부활 (계11:3)

11:15~16장
11장 하
- 7나팔 붐(계11:15)
12장
- 여자와 붉은 용 등장
- 피난처로 올림 **2** 기독교 핍박
13장
- 두 짐승 세움
- 7머리 10뿔 (렘돔)
- 666표 받게 함(계13:16)
14장
- 하늘 시온산 모습
- 세 천사의 경고
- 들림 예견 **3** (계14:14~16, 15:2~4) 알곡과 가라지 심판
15장
- 7대접 제앙 준비(하늘)
16장
- 바벨론 심판
- <7대접 심판>
  - 1대접
  - 2대접
  - 3대접
  - 4대접
  - 5대접
  - 6대접
  - 7대접

17~19장
17장
- 음녀 심판
18장
- 바벨론 심판
19장
- 공중 혼인 잔치와 땅 심판

2. 들림 예견 세 번과 큰 환난 세 가지 화

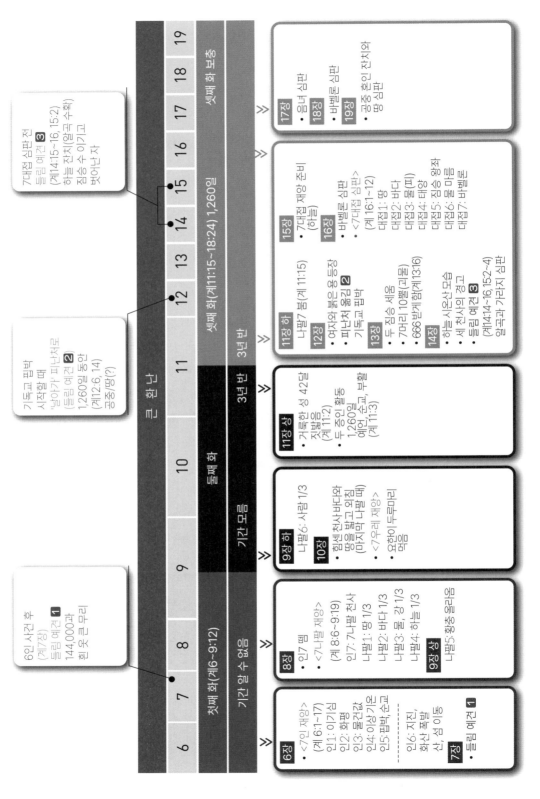

6인 사건 후
(계7장)
들림 예견 **1**
144,000과
흰옷 큰 무리

기독교 핍박 시작할 때
닐이가 피난처로
(들림 예견 **2**)
1,260일 동안
(계12:6, 14)
공중/땅(?)

7대접 심판 전
들림 예견 **3**
(계14:15~16, 15:2)
하늘 전차(알곡 수확)
짐승 수 이기고
벗어난 자

| | 6 | 7 | 8 | 9 | 10 | 11 | 12 | 13 | 14 | 15 | 16 | 17 | 18 | 19 |

큰 환난

첫째 화(계6~9:12) | 둘째 화 | 셋째 화(계11:15~18:24) 1,260일

기간 알 수 없음 | 기간 모름 | 3년 반 | 3년 반 | 셋째 화 보충

6장
• <7인 제앙>
(계 6:1~17)
인1: 이기심
인2: 화평
인3: 물건값
인4: 이상기운
인5: 핍박, 순교
─────────
인6: 지진,
화산 폭발
산, 섬 이동
7장
• 들림 예견 **1**

8장
• 인7 뗌
• <7나팔 제앙>
(계 8:6~9:19)
인7: 7나팔 전사
나팔1: 땅 1/3
나팔2: 바다 1/3
나팔3: 물, 강 1/3
나팔4: 하늘 1/3
9장 상
나팔5: 황충 올라옴

9장 하
나팔6: 사람 1/3
10장
• 힘센 천사바다와
땅을 밟고 외침
(마지막 나팔 때)
• <7우레 제앙>
• 요한이 두루마리
먹음

11장 상
• 거룩한 성 42달
짓밟음
(계 11:2)
• 두 증인 활동
1,260일
예언, 순교, 부활
(계 11:3)

11장 하
• 나팔7 붐(계 11:15)
12장
• 여자와 붉은 용 등장
피난처 옮김
기독교 핍박
13장
• 두 짐승 세움
• 7머리 10뿔(괴물)
• 666 별게 함(계13:16)
14장
• 하늘 시온산 모습
• 세 천사의 경고
• 들림 예견 **3**
(계14:14~16, 15:2~4)
알곡과 가라지 심판

15장
• 7대접 재앙 준비
(하늘)
16장
• 바벨론 심판
• <7대접 심판>
(계 16:1~12)
대접1: 땅
대접2: 바다
대접3: 물(피)
대접4: 태양
대접5: 짐승 왕좌
대접6: 물 마름
대접7: 바벨론

17장
• 음녀 심판
18장
• 바벨론 심판
19장
• 공중 혼인 잔치와
땅 심판

3. 땅 심판(큰 환난)

6	7	8	9	10	11	12	13	14	15	16	17	18	19

큰 환난

첫째 화(계6~9:12)	둘째 화	셋째 화(계11:15~18:24) 1,260일	셋째 화 보충
기간 알 수 없음	기간 모름 · 3년 반	3년 반	

6장
- <7인 재앙>
  (계 6:1~17)
- 인1 이기려 함
- 인2 화평을 제함
- 인3 땅1/3 재앙: 땅, 수목, 풀
- 인4 사망, 음부 값 독들
- 인5 복음, 전쟁, 흉년, 질병
- 인6 순교자 수(땅박)
- ----
- 인6 지진, 화산 폭발, 산, 섬 이동

7장
- 틈새 예견 **1**
  140,000과 흰 옷 입은 큰 무리

8장
- 인7 범
- <7나팔 재앙>
  (계 8: 6~9:19)
- 인7
- 7나팔 천사 등장
- 나팔1 땅1/3 재앙, 땅, 수목, 풀
- 나팔2 바다1/3 재앙, 바다 생물, 핏빛, 선박 파괴
- 나팔3 강과 물 1/3재앙, 사람이 물을 먹고 죽음
- 나팔4 하늘 1/3과 기후, 공기 재앙

9장 상
- 나팔5 무저갱 열림, 황충 올라옴, 인 맞지 않은 사람을 5개월 괴롭함

9장 하
- 나팔6 사람1/3 죽음
- 힘센 천사 등장
- 바다와 땅을 밟고 외침 (마지막 나팔 때)
- <우리 제양 인봉>
- 요한 두루마리 먹음

11장 상
- 거룩한 성 42달 이방인에게 주었 음거룩한 성 짓밟음 (계 11:2)
- 두 증인 활동 1,260일 두 증인 예언 활동 (계11:3)
- 예언, 순교, 부활

11장 하
- 나팔7 봄 (계 11:15)

12장
- 여자와 붉은 용 등장 7머리 10뿔 (괴물) (계12:1~5)
- 피난처로 1260일 동안 틈새 예견 **2** (12:6,14) 기독교 핍박

13장
- 두 짐승 세움
- 첫째 짐승 지도자
- 둘째 짐승 적그리스도
- 짐승표 666 받게 함 (계13:16)

14장
- 하늘 시온산 모습
- 세 천사의 경고
- 틈새 예견 **3**
  (계14:14~16, 15:2~4)
  알곡과 가라지 심판

15장
- 임금대접 재앙 준비 (하늘)

16장
- 바벨론 심판
- <7대접 심판>
  (계16:1~12)
- 대접1 땅의 재앙, 짐승표 받은 사람-독한 종기
- 대접2 바다 재앙-생물 죽음
- 대접3 강과 재앙-피가 됨
- 대접4 태양 재앙, 뜨거워 죽음
- 대접5 짐승 왕좌 재앙 - 고통, 하늘 깨뭄, 하나님 비방
- 대접6 강물 마름-아마겟돈 전쟁
- 대접7 공중재앙-바벨론 무너짐

17장
- 음녀 심판, 세상과 타협한 성도들 심판

18장
- 바벨론 심판
- 세상 도시와 왕과 사람들

19장
- 공중혼인잔치와 왕의 잔송 거짓 선지자, 짐승표 받은 자 심판

01

심판 전 교회와 하늘 모습

REVELATION

제**1**장 **기록하게 된 동기**

계시록 1장 내용 요약 🖋

사도 요한이 계시록을 기록하게 된 동기는 예수 그리스도께서 기록하라고 하셨기 때문이다(계 **1:19**).

1:1	예수 그리스도의 계시
1:2	요한이 본 것을 증언
1:3	읽고 듣고 지키는 자가 복
1:4~6	아시아 일곱 교회에 보냄
1:7~8	모든 사람이 보이게 재림
1:9~11	계시받은 장소
1:12~16	하나님 나라 예수님의 모습
1:17	예수님의 위엄 앞에 엎드린 요한
1:18	심판의 권세를 가지신 예수님
1:19	예수님이 기록하라고 함
1:20	일곱 별과 일곱 촛대 해석

1) 성경을 읽고 이해가 되는 부분은 설명하지 않습니다. 문자 그대로 사실로 믿으면 됩니다.
2) 내일 예수님이 재림하셔도 오늘 정상적으로 일하며 살아야 합니다.
3) 종말론은 믿되 종말론에 빠지면 안 됩니다.

예수 그리스도의 계시

계 1:1 "예수 그리스도의 계시라 이는 하나님이 그에게 주사 반드시 속히 일
어날 일들을 그 종들에게 보이시려고 그의 천사를 그 종 요한에게 보
내어 알게 하신 것이라"

예수 그리스도께서 미래에 일어날 일, 즉 예수님의 재림 때와 세상을
심판할 때 일어날 일을 천사를 보내 사도 요한에게 알려 주셨다.

요한이 본 것을 증언함

계 1:2 "요한은 하나님의 말씀과 예수 그리스도의 증거 곧 자기가 본 것을 다
증언하였느니라"

이 말씀을 읽고 듣고 지키는 자가 복이 있음

계 1:3 "이 예언의 말씀을 읽는 자와 듣는 자와 그 가운데에 기록한 것을 지
키는 자는 복이 있나니 때가 가까움이라"

요한계시록을 읽고 듣는 자 중에 예수님의 재림과 심판 때를 깨닫고,
성경 말씀을 믿고 지키는 자는 복이 있는 자다.
반대로 지키지 않는 자는 저주와 심판을 받는다는 말씀도 된다.

아시아 일곱 교회에 전하는 메시지

계 1:4 "요한은 아시아에 있는 일곱 교회에 편지하노니 이제도 계시고 전에
도 계셨고 장차 오실 이와 그의 보좌 앞에 있는 일곱 영과"

계 1:5 "또 충성된 증인으로 죽은 자들 가운데에서 먼저 나시고 땅의 임금들

의 머리가 되신 예수 그리스도로 말미암아 은혜와 평강이 너희에게 있기를 원하노라 우리를 사랑하사 그의 피로 우리 죄에서 우리를 해방하시고"

계 1:6 "그의 아버지 하나님을 위하여 우리를 나라와 제사장으로 삼으신 그에게 영광과 능력이 세세토록 있기를 원하노라 아멘"

예수님은 모든 사람에게 보이게 재림하심

계 1:7 "볼지어다 그가 구름을 타고 오시리라 각 사람의 눈이 그를 보겠고 그를 찌른 자들도 볼 것이요 땅에 있는 모든 족속이 그로 말미암아 애곡하리니 그러하리라 아멘"

구름 타고 오신다는 말씀을 믿지 않고 이상하게 해석하는 이단 종파가 있으므로 속지 않기를 바란다. 하나님은 전능하시므로 구름을 타고 오실 수도 있다. 그리고 세상 사람 모두가 알게 오신다. 조용히 아무도 모르게 온다고 하면서 자신이 재림 예수라고 하고, 또는 성령이라고 하는 것은 모두 가짜이다.

계 1:8 "주 하나님이 이르시되 나는 알파와 오메가라 이제도 있고 전에도 있었고 장차 올 자요 전능한 자라 하시더라"

알파와 오메가라는 뜻은 '하나님은 우주의 처음이요 끝'이라는 뜻이다. 하나님은 영원 전에도 계셨고 지금도 계시고 미래에도 영원히 계시고 장차 재림할 분이시며 전능한 분이시다.

계시받은 장소

계 1:9 "나 요한은 너희 형제요 예수의 환난과 나라와 참음에 동참하는 자라 하나님의 말씀과 예수를 증언하였음으로 말미암아 밧모라 하는 섬에 있었더니"

계 1:10 "주의 날에 내가 성령에 감동되어 내 뒤에서 나는 나팔 소리 같은 큰 음성을 들으니"

계 1:11 "이르되 네가 보는 것을 두루마리에 써서 에베소, 서머나, 버가모, 두아디라, 사데, 빌라델비아, 라오디게아 등 일곱 교회에 보내라 하시기로"

요한은 밧모섬에 유배되어 있었다. 그는 매일 기도하다가 성령에 감동되어 미래에 일어날 일을 알게 되었다. 그러므로 전설이 아닌 실제 사건이다.

요한에게 지금 보는 것을 일곱 교회에 보내어 깨어 있으라고 하신 것이다. 일곱 교회는 실제로 소아시아 지역에 있는 교회이다.

하나님 나라 예수님의 모습

계 1:12 "몸을 돌이켜 나에게 말한 음성을 알아 보려고 돌이킬 때에 일곱 금 촛대를 보았는데"

계 1:13 "촛대 사이에 인자 같은 이가 발에 끌리는 옷을 입고 가슴에 금띠를 띠고"

계 1:14 "그의 머리와 털의 희기가 흰 양털 같고 눈 같으며 그의 눈은 불꽃 같고"

계 1:15 "그의 발은 풀무불에 단련한 빛난 주석 같고 그의 음성은 많은 물 소리와 같으며"

계 1:16 "그의 오른손에 일곱 별이 있고 그의 입에서 좌우에 날선 검이 나오고 그 얼굴은 해가 힘있게 비치는 것 같더라"

요한이 예수님의 모습을 본 것이다. 근거는 (계 1:18)이다.

일곱 금 촛대는 일곱 교회이다.

일곱 교회는 세상의 모든 교회를 대표한다.

성경에 7이라는 숫자는 하나님의 숫자이며, 완전수이다. 7교회라는 것은 예수님이 세상의 모든 교회를 통치하고 계신다는 의미이다.

심판 때 예수님은 왕과 같은 위엄과 능력과 권세를 가지고 계신다.

일곱 별은 세상에 있는 하나님의 종들을 말한다.

예수님의 입에서는 날선 검이 나온다. 이것은 말씀의 검이다.

(히 4:12) "하나님의 말씀은 살아 있고 활력이 있어 좌우에 날선 어떤 검보다도 예리하여 혼과 영과 및 관절과 골수를 찔러 쪼개기까지 하며 또 마음의 생각과 뜻을 판단하나니"

예수님의 얼굴이 해와 같이 힘 있게 비친다는 것은 태양빛과 같이 능력 있게 온 세상에 임하여 심판하신다는 것이다.

해를 쳐다볼 수 없듯이 하나님의 심판에 아무도 반항하거나 도전할 수 없다.

하나님을 보면 모든 사람이 엎드림

계 1:17 "내가 볼 때에 그의 발 앞에 엎드러져 죽은 자 같이 되매 그가 오른손을 내게 얹고 이르시되 두려워하지 말라 나는 처음이요 마지막이니"

요한은 예수님의 위엄을 보고 예수님 발 앞에 엎드러져 죽은 자 같이 되었다. 요한은 예수님의 열두 제자 중에서 가장 사랑을 받은 자였다. 예수님의 무릎에 머리를 대고 쉴 정도로 사랑받았다. 그러나 심판주이신 예수님의 진짜 권위를 알고 바짝 엎드린 것이다.

하나님과 인간의 차이는 하늘과 땅 차이다. 하나님은 우주를 창조한 전능하신 분이고, 인간은 먼지와 티끌 같은 존재이다. 그러므로 모든 인간은 교만하지 말아야 한다. 자기를 높이지 않아야 한다.

우리가 예수님을 만나면 순간 자기 죄가 모두 생각난다. 부끄러워 바짝 엎드려 회개하게 된다. 필자도 그런 경험이 있다. 그러므로 자기를 최대한으로 낮추고 겸손하게 살아야 한다.

심판의 권세를 가지신 예수님

계 1:18 "곧 살아 있는 자라 내가 전에 죽었었노라 볼지어다 이제 세세토록 살아 있어 사망과 음부의 열쇠를 가졌노니"

과거에 죽었다가 현재도 살아 계신 분은 예수님 한 분뿐이시다. 그분은 영원토록 살아 계신다. 그리고 사망과 음부의 열쇠를 가지고 심판하신다.

예수님이 기록하라고 하여 기록함

계 1:19 "그러므로 네가 본 것과 지금 있는 일과 장차 될 일을 기록하라"

예수님께서 명령하신다. "네가 본 것을 기록하라."

요한은 예수님의 명령대로 기록하여 요한계시록을 세상에 남겼다.

요한계시록은 요한의 작품이 아니라 예수님의 작품이고, 요한은 명령에 순종한 것이다.

☞ 천사도 기록하라고 함

(계 19:9) "천사가 내게 말하기를 기록하라 어린 양의 혼인 잔치에 청함을
받은 자들은 복이 있도다 하고 또 내게 말하되 이것은 하나님의 참되신 말씀
이라 하기로"

일곱 별과 일곱 촛대의 해석

계 1:20 "네가 본 것은 내 오른손의 일곱 별의 비밀과 또 일곱 금 촛대라 일곱
별은 일곱 교회의 사자요 일곱 촛대는 일곱 교회니라"

일곱 별과 일곱 촛대의 해석을 예수님께서 친히 해 주셨다.

REVELATION

제2장 칭찬, 책망, 죽은 교회

소아시아 일곱 교회의 모습은 세상의 교회를 상징으로 말씀하신 것이다.

2:1~7	에베소 교회 – 칭찬과 책망
2:8~11	서머나 교회 – 칭찬
2:12~17	버가모 교회 – 칭찬과 책망
2:18~29	두아디라 교회 – 칭찬과 책망
3:1~6	사데 교회(죽은 교회) – 책망
3:7~13	빌라델비아 교회 – 칭찬
3:14~22	라오디게아 교회 – 칭찬과 책망

1. 에베소 교회는 칭찬과 책망받았다.

계 2:1 "에베소 교회의 사자에게 편지하라 오른손에 있는 일곱 별을 붙잡고 일곱 금 촛대 사이를 거니시는 이가 이르시되"

하나님의 종들과 교회를 주관하시는 하나님께서 말씀하신다.

📖 칭찬의 말씀

계 2:2 "내가 네 행위와 수고와 네 인내를 알고 또 악한 자들을 용납하지 아니한 것과 자칭 사도라 하되 아닌 자들을 시험하여 그의 거짓된 것을 네가 드러낸 것과"

'네 행위와 수고와 인내한 것'을 안다고 하신다.

악한 자들을 드러낸 것과 가까이하지 않은 것, 악한 자의 말을 듣지 않고 거짓 목회자들을 분별하여 그들의 거짓을 멀리하고 따르지 않은 것을 칭찬하신다.

계 2:3 "또 네가 참고 내 이름을 위하여 견디고 게으르지 아니한 것을 아노라"

세상 살기 어려워도 예수님을 믿기에 참고, 견디고, 게으르지 않고, 부지런하게 신앙생활 한 것을 칭찬하신다.

📖 책망의 말씀

계 2:4 "그러나 너를 책망할 것이 있나니 너의 처음 사랑을 버렸느니라"

계 2:5 "그러므로 어디서 떨어졌는지를 생각하고 회개하여 처음 행위를 가지라 만일 그리하지 아니하고 회개하지 아니하면 내가 네게 가서 네 촛대를 그 자리에서 옮기리라"

처음 은혜받았을 때의 마음과 하나님 사랑하는 마음을 잊어버렸다고 말씀하신다.

그 마음이란, 성령이 임하실 때 하나님과 성경 말씀이 모두 믿어지고 자신이 죄인인 것이 깨달아져 통곡하면서 몇 시간을 회개했던 마음과 그때 하나님을 사랑하던 마음이다.

그리고 나 같은 죄인도 용서해 주시고 구원받게 해 주심을 감사하여 열심을 내어 충성하던 마음이다.

그런데 어떤 이는 세상 풍파를 겪으면서 잊어버렸다. 어떤 이는 너무 부유하게 살아 세상과 가까이하다가 잊어버렸다.

그 첫사랑을 버렸다.

그래서 회개하라고 하신다. 회개하지 않으면 예수님이 가셔서 심판하겠다고 하신다.

계 2:6 "오직 네게 이것이 있으니 네가 니골라 당의 행위를 미워하는도다 나도 이것을 미워하노라"

니골라는 사도행전 6장에 일곱 집사를 세울 때 등장하는 인물이다.

(행 6:5) "온 무리가 이 말을 기뻐하여 믿음과 성령이 충만한 사람 스데반과 또 빌립과 브로고로와 니가노르와 디몬과 바메나와 유대교에 입교했던 안디옥 사람 니골라를 택하여"

그는 성령이 충만하여 하나님의 은혜 속에 있다가 변질되었다. 예수님을 닮아가지 않고, 하나님이 주신 능력을 자신의 이익을 위해 사용하고 세상 사람처럼 자신을 높이는 데 사용하여 이단이 되었다.

교회가 변질된 사람을 미워하는 것은 잘한 일이다. 예수님도 니골라 당의 행위를 미워하신다.

계 2:7 "귀 있는 자는 성령이 교회들에게 하시는 말씀을 들을지어다 이기는 그에게는 내가 하나님의 낙원에 있는 생명나무의 열매를 주어 먹게 하리라"

귀가 막히지 않았다면 성령이 하시는 권면을 들으라고 하신다. 듣고 고치는 사람은 하나님 나라에서 영생하는 생명나무 열매를 먹게 해 주신다. 듣고도 고치지 않으면 심판받는다.

2. 서머나 교회는 칭찬받았다.

계 2:8 "서머나 교회의 사자에게 편지하라 처음이며 마지막이요 죽었다가 살아나신 이가 이르시되"

죽었다가 살아나신 이는 예수 그리스도뿐이다.

📖 칭찬의 말씀

계 2:9 "내가 네 환난과 궁핍을 알거니와 실상은 네가 부요한 자니라 자칭 유대인이라 하는 자들의 비방도 알거니와 실상은 유대인이 아니요 사탄의 회당이라"

서머나 교회 성도들이 환난이 많고 가난한 것을 예수님이 안다고 하신다. 그리고 '너희는 믿음에 부요한 사람들'이라고 칭찬하신다.

성도의 고난과 가난을 하나님은 알고 계신다. 그러므로 기도로 도움을 요청하면 도움받을 수 있다. 이것을 믿음이라고 한다. 그래서 하나님의 살아 계심을 경험하고 믿음의 부자가 되어야 한다.

유대인들이 서머나 교회 성도들을 괴롭히는 것도 안다고 하신다. 그럼에도 그들이 인내하며 예수님을 믿고 있는 것을 칭찬하신다. 그러면서 그 유대인들의 실상은 사탄의 무리라고 말씀하신다.

우리가 신앙생활을 잘못하여 유대인, 즉 바리새인이나 서기관, 제사장과 같이 말은 천사처럼 하고 행동은 자기 이익을 위해서 악을 행하면 '사탄의 회'가 될 수 있다. 조심해야 한다.

계 2:10 "너는 장차 받을 고난을 두려워하지 말라 볼지어다 마귀가 장차 너희 가운데에서 몇 사람을 옥에 던져 시험을 받게 하리니 너희가 십 일 동안 환난을 받으리라 네가 죽도록 충성하라 그리하면 내가 생명의 관을 네게 주리라"

환난이 닥쳐도 계속 변함없이 죽도록 충성하라고 하신다. 그리하면 생명의 면류관을 주겠다고 약속하신다. 우리는 이런 신앙을 보여야 한다.

계 2:11 "귀 있는 자는 성령이 교회들에게 하시는 말씀을 들을지어다 이기는 자는 둘째 사망의 해를 받지 아니하리라"

둘째 사망은 지옥으로 가는 것을 말한다.

3. 버가모 교회는 칭찬과 책망받았다.

계 2:12 "버가모 교회의 사자에게 편지하라 좌우에 날선 검을 가지신 이가 이르시되"

📖 칭찬의 말씀

계 2:13 "네가 어디에 사는지를 내가 아노니 거기는 사탄의 권좌가 있는 데라 네가 내 이름을 굳게 잡아서 내 충성된 증인 안디바가 너희 가운데 곧 사탄이 사는 곳에서 죽임을 당할 때에도 나를 믿는 믿음을 저버리지 아니하였도다"

사탄의 권력이 강한 곳에서 안디바가 순교를 당하였다. 그런데도 버가모 교회 성도들은 예수님을 믿는 믿음을 지키고 있다. 이것을 잘하고 있다고 칭찬하신다.

📖 책망의 말씀

계 2:14 "그러나 네게 두어 가지 책망할 것이 있나니 거기 네게 발람의 교훈을 지키는 자들이 있도다 발람이 발락을 가르쳐 이스라엘 자손 앞에 걸림돌을 놓아 우상의 제물을 먹게 하였고 또 행음하게 하였느니라"

계 2:15 "이와 같이 네게도 니골라 당의 교훈을 지키는 자들이 있도다"

'발람의 교훈을 지키는 자들이 있다'는 말씀은 거짓된 선지자들의 교훈을 따르는 자들이 있다는 것이다.

이스라엘 백성들이 광야에 있을 때, 발람 선지자가 돈의 유혹을 이기지 못하여 이스라엘 사람들이 저주받는 방법을 발락 왕에게 가르쳐 주었다. 버가모 교회에 이런 거짓된 니골라를 따르는 무리가 있다는 것이다.

(계 2:6)에서 에베소 교회도 니골라 당을 따르는 무리가 있다고 책망하셨다.

돈을 벌기 위해서 예언하거나 거짓말을 하거나 능력을 행하거나 우상을 섬기게 하거나 예수님의 이름을 이용하면 심판을 받는다. 그는 마귀의 종이다.

예언하는 은사를 가졌다는 사람이 거짓 예언을 하면 마귀의 종이 되고 마귀를 숭배한 죄를 범한다. 그러므로 예언을 하는 사람은 겸손하고 정직해야 하고 영을 분별해야 한다.

계 2:16 "그러므로 회개하라 그리하지 아니하면 내가 네게 속히 가서 내 입의 검으로 그들과 싸우리라"

살길은 회개하고 바르게 하는 것이다. 그렇지 않으면 예수님이 말씀의 검으로 심판하겠다고 하신다.

계 2:17 "귀 있는 자는 성령이 교회들에게 하시는 말씀을 들을지어다 이기는 그에게는 내가 감추었던 만나를 주고 또 흰 돌을 줄 터인데 그 돌 위에 새 이름을 기록한 것이 있나니 받는 자 밖에는 그 이름을 알 사람이 없느니라"

4. 두아디라 교회는 칭찬과 책망받았다.

계 2:18 "두아디라 교회의 사자에게 편지하라 그 눈이 불꽃 같고 그 발이 빛난 주석과 같은 하나님의 아들이 이르시되"

📖 **칭찬의 말씀**

계 2:19 "내가 네 사업과 사랑과 믿음과 섬김과 인내를 아노니 네 나중 행위가 처음 것보다 많도다"

두아디라 교회는 하나님의 사업을 잘하였다. 그리고 사랑도 있었고, 믿음도 있었고, 이웃 섬김도 잘하였고, 오래 참는 신앙도 있었다. 더 좋은 것은 처음 사랑보다 지금 사랑이 더 많아졌다는 것이다.

이것은 매우 좋은 칭찬이다. 모든 그리스도인이 두아디라 교회와 같은 신앙생활을 해야 한다. 우리는 이런 신앙을 가져야 한다. 처음보다 나중이 더 좋은 신앙생활이어야 한다.

📖 **책망의 말씀**

계 2:20 "그러나 네게 책망할 일이 있노라 자칭 선지자라 하는 여자 이세벨을 네가 용납함이니 그가 내 종들을 가르쳐 꾀어 행음하게 하고 우상의 제물을 먹게 하는도다"

거짓 선지자를 분별하지 못하고 받아준 것, 이방 신전의 신녀들이 행하는 것과 같이 행음하게 한 것, 우상의 제물을 먹게 한 죄를 책망하신다. 이 죄는 큰 죄이다. 우상을 섬기는 죄와 같고 하나님의 이름을 욕되게 하는 죄이다.

●● 두아디라에는 '큐드슈(Qudshu)'라는 남성 매음자와 '케데솨(Qedeshah)'라는 여성 매음자가 신당에 상주하면서 예배자들의 음행을 조장하고 있었다고 한다. '행음'이란 정당한 혼인 관계를 떠나서 불륜의 관계를 맺는 것을 말한다. ●●

계 2:21 "또 내가 그에게 회개할 기회를 주었으되 자기의 음행을 회개하고자 하지 아니하는도다"

살길은 회개뿐이다. 하지만 두아디라 교회는 분별하지 못하고 회개하지 않는다고 말씀하신다.

자신들이 잘하고 있다고 생각하기 때문에 회개를 안 한다. 교회 일도 잘하고, 이웃 사랑과 섬김도 잘하고, 믿음도 있고, 힘든 일을 오래 참는 것도 잘하니 자신들의 믿음이 좋다고 생각한다. 그래서 자신들은 확실하게 구원받았다고 생각한다. 이런 교만함이 마음에 있으면 회개를 안 한다.

우리가 이런 자만을 조심해야 한다. 바리새인들이 이런 자만 때문에 회개하지 않고 심판받았다.

이런 죄를 회개하지 않으면 들림받지 못한다.

계 2:22 "볼지어다 내가 그를 침상에 던질 터이요 또 그와 더불어 간음하는 자들도 만일 그의 행위를 회개하지 아니하면 큰 환난 가운데에 던지고"

계 2:23 "또 내가 사망으로 그의 자녀를 죽이리니 모든 교회가 나는 사람의 뜻과 마음을 살피는 자인 줄 알지라 내가 너희 각 사람의 행위대로 갚아 주리라"

회개하지 않으면 질병으로 침상에서 있게 하고, 큰 환난을 겪게 하고, 자녀도 죽이고, 행위대로 갚아 주겠다고 하신다.

계 2:24 "두아디라에 남아 있어 이 교훈을 받지 아니하고 소위 사탄의 깊은 것을 알지 못하는 너희에게 말하노니 다른 짐으로 너희에게 지울 것은 없노라"

사탄의 속이는 술책을 알지 못하는 너희에게 말씀으로 사는 것 외에는 짐을 지우지 않는다는 것이다.

계 2:25 "다만 너희에게 있는 것을 내가 올 때까지 굳게 잡으라"

'바른 믿음을 지키라'는 것이다. 예수님이 재림할 때까지 지키라고 하신다.

계 2:26 "이기는 자와 끝까지 내 일을 지키는 그에게 만국을 다스리는 권세를 주리니"

계 2:27 "그가 철장을 가지고 그들을 다스려 질그릇 깨뜨리는 것과 같이 하리라 나도 내 아버지께 받은 것이 그러하니라"

철장은 철로 된 지팡이를 말한다.

계 2:28 "내가 또 그에게 새벽 별을 주리라"

믿음을 바르게 굳게 지켜 이기는 자에게는 새벽 별을 주겠다고 하신다.
새벽 별은 예수님을 상징한다.

(계 22:16) "나 예수는 교회들을 위하여 내 사자를 보내어 이것들을 너희에게 증언하게 하였노라 나는 다윗의 뿌리요 자손이니 곧 광명한 새벽 별이라 하시더라"

계 2:29 "귀 있는 자는 성령이 교회들에게 하시는 말씀을 들을지어다"

5. 사데 교회는 죽은 교회라고 책망받았다.

📖 **책망의 말씀**

계 3:1 "사데 교회의 사자에게 편지하라 하나님의 일곱 영과 일곱 별을 가지신 이가 이르시되 내가 네 행위를 아노니 네가 살았다 하는 이름은 가졌으나 죽은 자로다"

일곱 영은 완전하신 성령 하나님을 상징한다.

사데 교회를 아는데 살았다 하나 죽은 교회라고 하신다.

겉모습은 교회인데 안에는 성령의 역사가 없는 죽은 교회를 말한다.

개인의 심령 교회도 겉은 교회를 다니지만 심령에는 성령의 역사가 없는 죽은 심령들이 많다.

성령의 역사가 있는 사람은 심령 가운데 하나님의 은혜가 살아 있기 때문에 의로운 행동으로 나타난다. 이런 일이 없는 사람의 심령은 죽은 교회이다.

계 3:2 "너는 일깨어 그 남은 바 죽게 된 것을 굳건하게 하라 내 하나님 앞에 네 행위의 온전한 것을 찾지 못하였노니"

하나님 앞에서 바르게 신앙생활 한 것을 찾지 못했다는 말씀이다.

계 3:3 "그러므로 네가 어떻게 받았으며 어떻게 들었는지 생각하고 지켜 회개하라 만일 일깨지 아니하면 내가 도둑 같이 이르리니 어느 때에 네게 이를는지 네가 알지 못하리라"

회개하고 돌이키지 않으면 도둑같이 임하여 심판하겠다고 하신다. 재림 때 들림받지도 못한다는 말씀이다.

계 3:4 "그러나 사데에 그 옷을 더럽히지 아니한 자 몇 명이 네게 있어 흰 옷을 입고 나와 함께 다니리니 그들은 합당한 자인 연고라"

사데 교회에도 세상에 더럽히지 않고 믿음을 지킨 사람이 있다. 그들은 구원을 받아 들림받는다.

죽은 교회에서 살아 있는 신앙을 가진 사람이 있다는 것이다. 그들은 잘못된 신앙을 따르지 않고 나태해지기 쉬운 것도 이기고 세상 유혹에 넘어가지 않고 바른 신앙인의 길을 간 것이다.

계 3:5 "이기는 자는 이와 같이 흰 옷을 입을 것이요 내가 그 이름을 생명책에서 결코 지우지 아니하고 그 이름을 내 아버지 앞과 그의 천사들 앞에서 시인하리라"

믿음으로 이기는 자들은 세마포 옷을 입고 생명책에 그 이름이 있고 예수님이 시인한다고 말씀하신다.

'그 이름을 생명책에서 결코 지우지 아니하고' 이것은 믿음을 인정받은 사람에게 주시는 상이다. 그러나 믿음을 인정받지 못한 사람은 생명책에서 이름이 지워질 수 있다는 뜻도 담겨 있다.

계 3:6 "귀 있는 자는 성령이 교회들에게 하시는 말씀을 들을지어다"

6. 빌라델비아 교회는 칭찬받았다.

계 3:7 "빌라델비아 교회의 사자에게 편지하라 거룩하고 진실하사 다윗의 열 쇠를 가지신 이 곧 열면 닫을 사람이 없고 닫으면 열 사람이 없는 그가 이르시되"

📖 칭찬의 말씀

계 3:8 "볼지어다 내가 네 앞에 열린 문을 두었으되 능히 닫을 사람이 없으리 라 내가 네 행위를 아노니 네가 작은 능력을 가지고서도 내 말을 지키 며 내 이름을 배반하지 아니하였도다"

작은 능력을 가지고도 예수님의 말씀을 지키며 살았고, 작은 힘인데도 예수님을 배반하지 않았다고 하신다.

예수님은 자신의 가르침을 받고 지키는 사람을 인정하신다. 그리고 끝 까지 배반하지 않는 사람을 인정하신다.

(눅 11:28) "예수께서 이르시되 오히려 하나님의 말씀을 듣고 지키는 자가 복이 있느니라 하시니라"

계 3:9 "보라 사탄의 회당 곧 자칭 유대인이라 하나 그렇지 아니하고 거짓말 하는 자들 중에서 몇을 네게 주어 그들로 와서 네 발 앞에 절하게 하고 내가 너를 사랑하는 줄을 알게 하리라"

너희를 괴롭힌 사탄에게 속은 유대인 몇 명을 회개시켜 너희에게 찾아가 절하게 하겠다는 것이다. 이런 일이 일어나면 하나님이 너희를 사랑하는 줄 알 것이라는 말씀이다.

계 3:10 "네가 나의 인내의 말씀을 지켰은즉 내가 또한 너를 지켜 시험의 때를 면하게 하리니 이는 장차 온 세상에 임하여 땅에 거하는 자들을 시험할 때라"

인내로 말씀을 지켰으니 시험의 때를 면하게 하겠다는 뜻은 대환난 때에 들림받게 하여 환난을 면하게 하겠다는 뜻이다.

계 3:11 "내가 속히 오리니 네가 가진 것을 굳게 잡아 아무도 네 면류관을 빼앗지 못하게 하라"

예수님이 속히 재림할 것이니 네가 가진 믿음을 굳게 잡아 생명의 면류관을 빼앗기지 말라고 당부하신다.

계 3:12 "이기는 자는 내 하나님 성전에 기둥이 되게 하리니 그가 결코 다시 나가지 아니하리라 내가 하나님의 이름과 하나님의 성 곧 하늘에서 내 하나님께로부터 내려오는 새 예루살렘의 이름과 나의 새 이름을 그이 위에 기록하리라"

계 3:13 "귀 있는 자는 성령이 교회들에게 하시는 말씀을 들을지어다"

7. 라오디게아 교회는 칭찬과 책망받았다.

계 3:14 "라오디게아 교회의 사자에게 편지하라 아멘이시요 충성되고 참된 증인이시요 하나님의 창조의 근본이신 이가 이르시되"

📖 **책망의 말씀**

계 3:15 "내가 네 행위를 아노니 네가 차지도 아니하고 뜨겁지도 아니하도다 네가 차든지 뜨겁든지 하기를 원하노라"

계 3:16 "네가 이같이 미지근하여 뜨겁지도 아니하고 차지도 아니하니 내 입에서 너를 토하여 버리리라"

미지근한 신앙을 싫어하신다. 토해 버리고 싶다고 하신다.

계 3:17 "네가 말하기를 나는 부자라 부요하여 부족한 것이 없다 하나 네 곤고한 것과 가련한 것과 가난한 것과 눈 먼 것과 벌거벗은 것을 알지 못하는도다"

스스로 생각하기를 '부자라 부족한 것이 없다'고 말하나, 실상은 곤고하고 가련하고 가난하고 눈도 멀었고 벌거벗었는데 알지 못한다고 말씀하신다.

많은 사람이 라오디게아 교회와 같이 자신의 영적 상태를 모른다. 특히 생활에 부족함이 없는 사람들이 더 많이 모른다. 그리고 가난해도 자신의 영적 상태가 눈 멀고 벌거벗었다는 것을 모르는 사람이 있다.

조심하라. 들림받지 못하고 대환난에 들어가게 된다. 그리고 심판받아 영벌을 받을 수도 있다.

계 3:18 "내가 너를 권하노니 내게서 불로 연단한 금을 사서 부요하게 하고 흰 옷을 사서 입어 벌거벗은 수치를 보이지 않게 하고 안약을 사서 눈에 발라 보게 하라"

'불로 연단한 금을 사서 부요하게 하고' 즉, 믿음을 부요하게 하라는 말씀이다.

'흰 옷을 사서 입어 벌거벗은 수치를 보이지 않게 하고'는 성도의 옳은 행실을 보여 수치를 보이지 말라는 것이다.

'안약을 사서 눈에 발라 보게 하라'는 것은 영적 분별력을 길러 하나님의 뜻을 깨닫고 하나님의 뜻만 행하라는 말씀이다.

계 3:19 "무릇 내가 사랑하는 자를 책망하여 징계하노니 그러므로 네가 열심을 내라 회개하라"

살길은 회개뿐이다. 회개하라고 하신다.

계 3:20 "볼지어다 내가 문 밖에 서서 두드리노니 누구든지 내 음성을 듣고 문을 열면 내가 그에게로 들어가 그와 더불어 먹고 그는 나와 더불어 먹으리라"

누구든지 예수님의 말씀을 듣고 받아들여 순종하면 예수님이 함께 해 주겠다고 하신다.

계 3:21 "이기는 그에게는 내가 내 보좌에 함께 앉게 하여 주기를 내가 이기고 아버지 보좌에 함께 앉은 것과 같이 하리라"

신앙으로 세상의 유혹과 마귀의 궤계를 이기면 하나님 나라에 들어간다.

계 3:22 "귀 있는 자는 성령이 교회들에게 하시는 말씀을 들을지어다"

REVELATION

7개 교회를 칭찬, 책망, 죽은 교회로 나누어 말씀하셨다.

예수님 재림 때에 칭찬받는 교회는 들림받는다.

칭찬받고 책망도 받는 교회는 들림받지 못한다.

죽은 교회도 들림받지 못한다.

이것을 깨달으라고 7교회를 기록하셨다.

여기서 조심해야 할 부분이 '7교회를 기록한 목적이 무엇인가?'이다.

현재 자신의 모습을 보고 예수님의 재림을 준비하라는 뜻이다.

필요 없이 난해한 구절을 파헤쳐서 100% 확실하지도 않은 주장을 하라는 것이 아니다.

깨달은 것만이라도 실천하여 심판받지 말고 들림받으라는 뜻이다.

모두가 (마 25장)의 슬기로운 다섯 처녀처럼 기름을 준비하여 신랑을 맞이하는 성도와 교회가 되기를 바란다.

칭찬받고 책망도 받은 교회가 4개 교회나 된다. 이 교회들에게는 똑같이 회개하라고 말씀하셨다. 4개 교회 중 하나인 라오디게아 교회는 회개하지 않으면 토해 버리겠다고 말씀하셨다.

이 말씀은 심판받아 멸망한다는 경고이다. 그러므로 정신 차리고 깨어 있으라는 말씀이다.

우리에게는 아직 기회가 있다. 지금부터 정신 차리고 예수님 가르침대로 살면 된다.

더 늦기 전에 칭찬받는 교회를 만들도록 하자.

계시록 2, 3장에서는 세상 종말 시대의 교회 모습을 말씀하신다.

계시록은 불신자에게 하신 말씀이 아니라 믿는 성도에게 하신 말씀이다. 읽고 깨닫고 재림 때 들림받으라고 주신 것이다.

첫째는 유형 교회 모습이다. 보이는 건물에 있는 교회이다.

둘째는 무형 교회 모습이다. 개인의 심령 교회이다.

셋째는 유형, 무형 두 가지 교회 모습이 칭찬, 책망, 죽은 교회로 나누어진다.

본문에 등장하는 7개 교회의 모습 중에 '우리 교회는 하나님께서 보실 때 칭찬받는 교회, 책망받는 교회, 죽은 교회 중 어떤 모습일까?' 깊이 생각해 보아야 한다.

또 개인의 심령 교회도 칭찬, 책망, 죽은 교회 모습 중에 어떤 모습일지 생각해 보고 칭찬받는 모습을 만들어야 지혜로운 사람이다.

여기서 주의하여 보아야 할 것은 칭찬과 책망을 동시에 받는 교회의 모습이다. 이런 교회는 자신이 잘하고 있다고 생각한다. 칭찬받는 일을 많이 하므로 스스로 평가하기를 믿음생활을 잘한다고 생각한다. 그러나 하나님이 보실 때는 아니라는 것이다.

이들은 마태복음 25장에 나오는 양과 염소의 비유에서 염소의 무리에 속한다. 예수님이 재림하실 때 인정받지 못하고 영벌 받는 곳으로 간다. 그러므로 항상 자신을 하나님 말씀에 비추어 잘못된 마음과 생각을 고치고 바른 마음으로 말씀에 복종해야 한다.

들림받으려면 칭찬받는 교회가 되어야 한다. 그러므로 모두가 칭찬받는 교회를 만들어야 한다.

이것을 깨닫고 신앙생활을 바르게 하여 하나님께 인정받는 믿음이 되어야 할 것이다.

1. 현대 교회 중에서 칭찬받는 교회

- 예수님의 가르침을 깨닫고 말씀대로 행하는 교회
- 하나님을 사랑하고 섬기는 교회
- 이웃을 사랑하고 섬기는 교회
- 하나님의 법을 교육하고 생명처럼 지키는 교회
- 십계명을 지키는 교회
- 사람의 뜻은 내려놓고 하나님의 뜻만 이루는 교회
- 성령 받는 것을 중요하게 가르치고 기도를 많이 하는 교회
- 성령 충만한 교회
- 목회자가 낮아져서 교회와 성도를 섬기는 교회
- 교회 성도와 주변에서 칭찬받는 교회

2. 현대 교회 중에서 칭찬과 책망받는 교회

칭찬과 책망을 받는 교회는 칭찬받는 일만 생각한다. 책망받는 일은 잊어버리거나 덮어버리기 때문에 죄를 깨닫지 못하고 멸망받는 교회다.

1) 책망받는 목회 부분

- 하나님의 일도 헌신적으로 하였는데 교회 운영이 어려워 이단에게 팔아버린 경우
- 교회를 팔아서 일부는 목회자가 개인적으로 착취하고 일부만 다시 교회를 세우는 데 사용한 경우
- 교회를 팔아서 전부 개인적으로 사용한 경우
- 예수님의 이름을 전하면서 사리사욕을 취한 경우

- 예수님의 이름을 이용하여 자기 욕심만 채우는 경우
- 교회를 운영하면서 교회 헌금을 사적으로 착취하는 경우
- 교회 이름으로 헌금을 강조하여 사리사욕으로 사용하는 경우
- 교회 헌금을 잘못 관리한 경우
- 목회보다 밖으로 다니며 직책만 많이 받아 자랑하는 경우
- 명함에 아무것도 아닌 직책이 가득한 경우
- 세상 것만 자랑하고 다니는 경우
- 양을 돌보지 않고 헛된 일만 하는 경우
- 기도는 안 하고 사람의 방법으로만 하는 경우
- 정직하지 못하고 거짓말 잘하는 목회자
- 목회보다는 돈만 밝히는 목회자가 있는 교회
- 성령 운동을 잘못하여 하나님을 욕되게 하는 교회
- 성령의 역사라고 하면서 악령을 받아 일하는 교회
- 거짓 예언하는 교회
- 성령의 역사를 부정하는 교회
- 지식으로만 전하는 교회
- 지식과 학위 자랑하며 기도를 안 하는 교회
- 성령 충만과 말씀 충만하지 않은 교회
- 악하고 게으른 종이 있는 교회
- 인본주의 교회
- 성경에 위배되는 일을 많이 하는 교회
- 목회자가 주일성수를 안 하는 교회
- 하나님이 받으시는 예배를 드리지 않는 교회
- 기도가 없는 교회

- 헌신생활을 가르치지 않는 교회
- 정상적인 헌금을 가르치지 않는 교회
- 전도하지 않는 교회
- 작은 교회인데 아무것도 안 하는 교회
- 유명한데 하나님의 이름을 망령되게 말하는 교회
- 목회자를 영의 아버지라고 하는 교회
- 목회자를 신처럼 받들게 하는 교회
- 세습하는 교회
- 똑같은 죄를 범하는데 성도는 죄가 되고 목회자는 죄가 안 된다는 궤변을 말하는 교회

2) 칭찬받으면서 책망도 받는 성도
- 교회일은 열심히 하고 입으로 죄를 짓는 성도
- 교회와 목회자, 성도를 험담하고 다니는 성도
- 불만, 불평을 입에 달고 사는 성도
- 욕하고 남을 무시하는 성도
- 타인의 흉만 보는 성도
- 말을 옮겨 문제를 일으키는 성도
- 거짓말을 잘하는 성도
- 자만, 오만, 거만, 교만한 성도
- 교회 직책을 받고 목이 뻣뻣해진 장로, 안수집사, 권사
- 목회자 위에 군림하는 장로
- 목사를 머슴이라고 표현하는 장로
- 신앙의 본은 보이지 않고 오히려 문제만 일으키는 장로

- 섬기지 않고 받으려고만 하는 성도
- 직책은 있는데 일은 안 하고 대접만 받으려는 성도
- 일은 안 하고 잔소리만 하는 성도
- 아무 일도 안 하는 성도
- 교회 부서의 회계직을 맡고 횡령·유용하는 성도
- 교회의 헌금을 도적질해 가는 성도
- 십일조를 드리지 않는 성도
- 십일조를 온전하게 하지 않는 성도
- 온전한 십일조를 드리지 않고 생활 십일조만 드리는 성도
- 십일조를 자기 마음대로 사용하는 성도
- 십일조로 선교헌금하고 감사헌금하고 지인을 도와주는 성도
- 돈이 있는데 헌금을 안 하는 성도
- 하나님께서 복을 주셨는데 자기를 위해서는 많이 사용하면서 하나님께는 조금 드리는 성도
- 하나님께 기도하며 복을 구하면서 교회일은 안 하는 성도
- 교회의 사명을 감당하지 않는 성도
- 하나님의 일에 게으르고 나태한 성도
- 십계명을 지키지 않는 성도
- 선교한다고 하면서 교회일은 안 하는 성도
- 불우이웃돕기 단체 등에서 일한다고 하며 교회일은 안 하는 성도
- 교회생활은 열심히 하면서 가정일은 안 하는 성도
- 가정일은 하지 않고 은사자만 쫓아다니는 성도
- 종말론에 빠져 정상적인 생활을 하지 못하는 성도
- 예언을 거짓으로 하는 성도

- 영적인 능력이 없으면서 있는 척하는 성도
- 능력 있다고 하면서 돈을 착취하는 성도
- 말은 천사와 같은데 행함이 나쁜 성도
- 교회 다니면서 교회 밖에서는 갑질하는 성도
- 교회 다니면서 세상에서 못된 짓 하는 성도
- 음란, 음행, 간음하는 성도
- 시기, 질투가 많은 성도
- 교회는 열심히 다니는데 성질 더러운 성도
- 성질을 자주 부리는 성도
- 자기 고집만 부리는 성도
- 남을 용서하지 않는 성도
- 세상 자랑만 하는 성도
- 허영에 들떠 있는 성도
- 사치가 심한 성도
- 점 보러 다니는 성도
- 토정비결, 사주, 관상 보는 성도
- 탐심이 많아 남에게 피해를 주는 성도
- 돈을 빌리면 갚지 않는 성도
- 연예인이 되어 세상의 음악을 부르는 성도
- 술집에 노래 부르러 간 성도

3. 현대 교회 중에서 죽은 교회

- 이단
- 다른 종교에도 구원이 있다고 말하는 교회

- 교회의 건물은 큰데 성령의 역사가 없는 교회

- 형식적으로 예배하고 운영되는 교회

- 하나님이 떠나신 교회

- 하나님이 안 계신 교회

- 목회자의 영이 죽은 교회

- 목회자가 타락한 교회

- 악령 받은 사람이 목회하는 교회

- 악령의 역사가 심한 교회

- 하나님의 이름을 욕되게 하는 교회

- 하나님의 계명을 지키지 않는 교회

- 주일을 마음대로 해석하여 주일에 여러 가지 행사를 하는 교회

- 기도가 없는 교회

- 인본주의 교회

- '내로남불' 하는 교회

- 동성애를 찬성하는 교회

- 죄를 짓고도 회개할 줄 모르는 교회

- 성경을 잘못 해석하고 가르치는 교회

교회일은 열심히 하면서 결정적인 죄를 범하는 성도

이것이 무서운 것이다.

자신도 모르게 하나님의 진노를 산다.

이것은 마귀가 만들어 놓은 가장 무서운 속임수이다.

잘한 일이 많기 때문에 잘못한 일은 가볍게 생각하거나 잊어버린다. 그리고 자신은 예수님을 믿기 때문에 구원받았다고 믿는다. 구원의 확신이 있다고 말한다. 그러나 구원의 확신이 구원시켜 주지 않는다.

예수님을 믿고 성령 받고 죄를 깨달아 회개하고 죄사함을 받아야 구원받는다.

천국은 죄사함 받은 사람이 가는 곳이다.

죄사함 받지 못하면 아무도 가지 못한다.

목사, 장로, 안수집사, 권사 직은 명예나 권력 직이 아니다. 그런 교회 직책으로는 구원받지 못한다.

아무 자격이 없고 죄인 중에 괴수인데 하나님이 은혜로 주신 것이고, 직책을 받아 하나님을 섬기고 이웃을 섬기라고 주신 것이다. 이것을 잘못 깨달아 권력으로 행사하는 사람은 모두 책망받는 성도이다.

앞으로 책망받을 일은 하지 말고 칭찬받을 일을 찾아서 하면 예수님 재림을 맞을 준비를 잘하는 것이다.

제3장 하나님 보좌와 경배(예배)

계시록 4장 내용 요약

하나님 보좌와 경배(예배)하는 모습

4:1~3 하나님 보좌를 보여 줌

4:4 24장로들의 모습

4:5 일곱 영(하나님의 완전수)

4:6~9 네 생물의 모습(사자, 송아지, 사람, 독수리)

4:10~11 24장로들의 경배와 찬양

하나님 보좌를 보여 줌

계 4:1 "이 일 후에 내가 보니 하늘에 열린 문이 있는데 내가 들은 바 처음에 내게 말하던 나팔 소리 같은 그 음성이 이르되 이리로 올라오라 이 후에 마땅히 일어날 일들을 내가 네게 보이리라 하시더라"

하늘 문이 열리고 요한이 올라갔다. '앞으로 일어날 일들을 보이리라'라고 하셨다.

계 4:2 "내가 곧 성령에 감동되었더니 보라 하늘에 보좌를 베풀었고 그 보좌 위에 앉으신 이가 있는데"

계 4:3 "앉으신 이의 모양이 벽옥과 홍보석 같고 또 무지개가 있어 보좌에 둘렸는데 그 모양이 녹보석 같더라"

요한은 성령에 감동되어 하늘 보좌를 보게 되었는데 여러 가지 아름다운 보석으로 되어 있었다.

24장로들의 모습

계 4:4 "또 보좌에 둘려 이십사 보좌들이 있고 그 보좌들 위에 이십사 장로들이 흰 옷을 입고 머리에 금관을 쓰고 앉았더라"

하나님 보좌 주변에 24장로들이 흰 옷을 입고 금 면류관을 쓰고 있었다.

일곱 영

계 4:5 "보좌로부터 번개와 음성과 우렛소리가 나고 보좌 앞에 켠 등불 일곱이 있으니 이는 하나님의 일곱 영이라"

일곱 영은 '하나님은 완전한 영'이라는 뜻이다. 이를 성령이라고 해석하는 분도 있다.

네 생물의 모습

계 4:6 "보좌 앞에 수정과 같은 유리 바다가 있고 보좌 가운데와 보좌 주위에 네 생물이 있는데 앞뒤에 눈들이 가득하더라"

하나님 보좌 주변에 특별하게 생긴 네 생물이 있다.

계 4:7 "그 첫째 생물은 사자 같고 그 둘째 생물은 송아지 같고 그 셋째 생물은 얼굴이 사람 같고 그 넷째 생물은 날아가는 독수리 같은데"

이 네 생물을 상징적으로 해석하는 분도 있다.

다른 해석은 하나님이 사람과 천사 외에도 다른 모습의 생물을 만들 수 있다고 보는 것이다.

에스겔서에도 네 생물이 나온다.

(겔 1:10) "그 얼굴들의 모양은 넷의 앞은 사람의 얼굴이요 넷의 오른쪽은 사자의 얼굴이요 넷의 왼쪽은 소의 얼굴이요 넷의 뒤는 독수리의 얼굴이니"

계 4:8 "네 생물은 각각 여섯 날개를 가졌고 그 안과 주위에는 눈들이 가득하더라 그들이 밤낮 쉬지 않고 이르기를 거룩하다 거룩하다 거룩하다 주 하나님 곧 전능하신 이여 전에도 계셨고 이제도 계시고 장차 오실 이시라 하고"

'각각 여섯 날개를 가졌고 안과 주위에 눈이 가득하더라'를 어떤 분은 상징적으로 해석한다. '네 생물이 눈이 많다'는 것은 '온 세상을 모두 보고 계신다'는 뜻이라고 해석하는 분도 있다.

그러나 어떤 분은 '하나님은 이러한 특별한 생물도 만들 수 있다'고 있는 그대로 본다.

계 4:9 "그 생물들이 보좌에 앉으사 세세토록 살아 계시는 이에게 영광과 존귀와 감사를 돌릴 때에"

네 생물은 영광과 존귀와 감사를 하나님께 돌린다. 그러므로 네 생물에 비해 아무것도 아닌 사람은 더욱 자신이 영광을 받지 말고 하나님께 돌려야 마땅하다.

24장로들의 경배와 찬양

계 4:10 "이십사 장로들이 보좌에 앉으신 이 앞에 엎드려 세세토록 살아 계시는 이에게 경배하고 자기의 관을 보좌 앞에 드리며 이르되"

계 4:11 "우리 주 하나님이여 영광과 존귀와 권능을 받으시는 것이 합당하오니 주께서 만물을 지으신지라 만물이 주의 뜻대로 있었고 또 지으심을 받았나이다 하더라"

24장로들도 하나님을 경배하고 자기 영광인 면류관을 하나님께 드리며 영광과 존귀와 권능을 하나님께 돌린다.

땅에서 영광과 존귀를 받으려는 이단 교주와 목회자와 성도들은 잘못된 것이다.

제4장 심판할 자격 있는 자는 누구인가?

누가 심판하기에 합당한가?

계 5:1 "내가 보매 보좌에 앉으신 이의 오른손에 두루마리가 있으니 안팎으로 썼고 일곱 인으로 봉하였더라"

봉인된 일곱 두루마리가 첫 번째 재앙과 심판의 내용이다.

계 5:2 "또 보매 힘있는 천사가 큰 음성으로 외치기를 누가 그 두루마리를 펴며 그 인을 떼기에 합당하냐 하나"

천사가 말하기를 "누가 일곱 봉인을 떼어 심판하기에 합당한가?"라고 외쳤다.

계 5:3 "하늘 위에나 땅 위에나 땅 아래에 능히 그 두루마리를 펴거나 보거나 할 자가 없더라"

계 5:4 "그 두루마리를 펴거나 보거나 하기에 합당한 자가 보이지 아니하기로 내가 크게 울었더니"

심판하기에 합당한 자는 어린양 예수 그리스도

계 5:5 "장로 중의 한 사람이 내게 말하되 울지 말라 유대 지파의 사자 다윗의 뿌리가 이겼으니 그 두루마리와 그 일곱 인을 떼시리라 하더라"

24장로 중 한 사람이 다윗의 뿌리가 마귀를 이겼으니 자격이 있다고 말하였다.

계 5:6 "내가 또 보니 보좌와 네 생물과 장로들 사이에 한 어린 양이 서 있는데 일찍이 죽임을 당한 것 같더라 그에게 일곱 뿔과 일곱 눈이 있으니 이 눈들은 온 땅에 보내심을 받은 하나님의 일곱 영이더라"

여기서 어린양은 예수 그리스도를 말한다. 어린양은 사람들을 위해 속 죄양이 되어 십자가에서 죽으셨으므로 자격이 있다.

어떤 사람이 인류를 위해 피를 흘리며 죄를 짊어지고 죽어주었는가?

이런 큰일을 행하신 분이 자격이 있다는 것이다.

'일곱 뿔'은 완전한 하나님의 권세를 말한다.

'일곱 눈'은 하나님이 온 세상과 사람들을 모두 보고 계신다는 뜻이다.

'일곱 영'은 온 땅에 보내심을 받은 완전한 성령 하나님이시다.

계 5:7 "그 어린 양이 나아와서 보좌에 앉으신 이의 오른손에서 두루마리를 취하시니라"

금 대접에 담겨 있는 성도의 기도의 향

계 5:8 "그 두루마리를 취하시매 네 생물과 이십사 장로들이 그 어린 양 앞에 엎드려 각각 거문고와 향이 가득한 금 대접을 가졌으니 이 향은 성도 의 기도들이라"

네 생물과 24장로들이 금 대접을 가졌는데 그 안의 향은 성도의 기도라 고 말한다.

성도의 기도가 하늘나라에서는 향이 되어 금 대접에 담긴다는 뜻이다.

그러므로 성도는 바른 기도를 많이 해야 한다.

네 생물과 24장로들의 찬양

계 5:9 "그들이 새 노래를 불러 이르되 두루마리를 가지시고 그 인봉을 떼기 에 합당하시도다 일찍이 죽임을 당하사 각 족속과 방언과 백성과 나라

가운데에서 사람들을 피로 사서 하나님께 드리시고"

계 5:10 "그들로 우리 하나님 앞에서 나라와 제사장들을 삼으셨으니 그들이
땅에서 왕 노릇 하리로다 하더라"

천사들의 찬양

계 5:11 "내가 또 보고 들으매 보좌와 생물들과 장로들을 둘러 선 많은 천사의
음성이 있으니 그 수가 만만이요 천천이라"

계 5:12 "큰 음성으로 이르되 죽임을 당하신 어린 양은 능력과 부와 지혜와 힘
과 존귀와 영광과 찬송을 받으시기에 합당하도다 하더라"

모든 피조물이 찬양과 영광을 돌림

계 5:13 "내가 또 들으니 하늘 위에와 땅 위에와 땅 아래와 바다 위에와 또 그
가운데 모든 피조물이 이르되 보좌에 앉으신 이와 어린 양에게 찬송과
존귀와 영광과 권능을 세세토록 돌릴지어다 하니"

계 5:14 "네 생물이 이르되 아멘 하고 장로들은 엎드려 경배하더라"

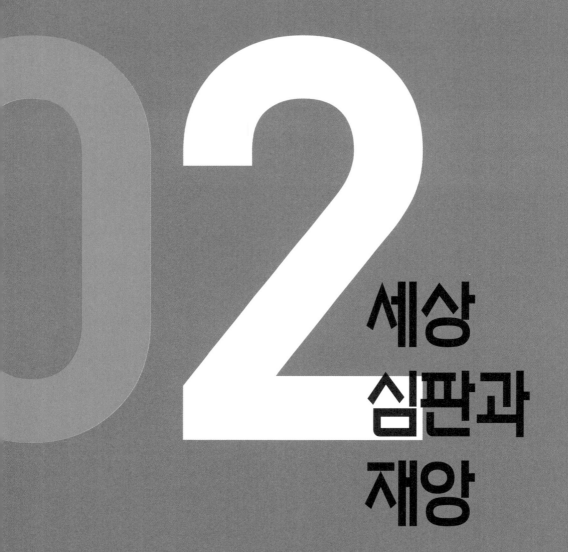

02

세상
심판과
재앙

REVELATION

제1장 요한계시록 6장~9장 11절
첫째 화

요한계시록 6장

첫째 화(재앙 및 심판) 대환난 시작

첫째 인 재앙(흰 말)_이기려는 마음, 이기심

둘째 인 재앙(붉은 말)_화평을 제하여 버림

셋째 인 재앙(검은 말)_식량 및 물건값 폭등

넷째 인 재앙(청황색 말)_분쟁, 전쟁, 흉년, 질병 등의 재앙

다섯째 인 재앙_교회 핍박과 순교자 수가 차기까지

여섯째 인 재앙_큰 지진, 산과 섬이 옮겨짐

요한계시록 7장

(들림 사건 예시 **1**) 144,000과 흰 옷 입은 큰 무리

각 나라와 족속 중 흰 옷 입은 큰 무리(이방인 중 구원받은 자)

천사, 장로, 네 생물이 하나님께 경배와 영광을 돌림

요한계시록 8장

일곱째 인 재앙_일곱 나팔, 일곱 천사 등장

첫째 나팔(땅 1/3 재앙)_땅, 수목, 풀의 1/3이 타버림

둘째 나팔(바다 1/3 재앙)_바다 → 피, 바다생물 죽음, 배가 파괴됨

셋째 나팔(물 1/3 재앙)_쓴 쑥물이 되어 사람이 먹고 죽음

넷째 나팔(하늘 1/3 재앙)_해, 달, 별 1/3이 어두워짐

요한계시록 9장 전반부

다섯째 나팔_무저갱에서 황충이 올라와 사람을 5개월간 괴롭힘

01 일곱 인을 떼는 재앙

계시록 6장 내용 요약 🖋

일곱인 떼는 재앙부터 대환난 시작(재앙과 심판)

6:1~2	첫째 인	흰 말(천사) → 이기려 함
6:3~4	둘째 인	붉은 말 → 화평을 제함
6:5~6	셋째 인	검은 말 → 식량, 물건값 폭등
6:7~8	넷째 인	청황색 말 → 분쟁, 전쟁, 흉년, 질병
6:9~11	다섯째 인	교회 핍박과 순교
6:12~17	여섯째 인	큰 지진, 산과 섬이 옮겨짐

첫째 인 재앙(흰 말)_이기려는 마음, 이기심

계 6:1 "내가 보매 어린 양이 일곱 인 중의 하나를 떼시는데 그 때에 내가 들으니 네 생물 중의 하나가 우렛소리 같이 말하되 오라 하기로"

계 6:2 "이에 내가 보니 흰 말이 있는데 그 탄 자가 활을 가졌고 면류관을 받고 나아가서 이기고 또 이기려고 하더라"

☞ '흰 말'의 여러 가지 해석

1) '예수님'이라고 하는 해석이 있다. 백마는 예수님만 탄다고 본다.

(계 19:11) "또 내가 하늘이 열린 것을 보니 보라 백마와 그것을 탄 자가 있으니 그 이름은 충신과 진실이라 그가 공의로 심판하며 싸우더라"

백마 탄다고 모두 예수님이라고 해석하는 것은 무리가 있다. 천사도 백마를 탄다.

2) '적그리스도'라고 하는 해석이 있다.

이기려고만 하므로 적그리스도라고 본다. 그가 세상에 하나님과 반대되는 사상을 퍼트린다는 것이다.

3) 필자는 '천사'라고 해석한다. 천사도 백마를 탄다고 기록되어 있다.

(계 19:14) "하늘에 있는 군대들이 희고 깨끗한 세마포 옷을 입고 백마를 타고 그를 따르더라"

둘째 말 탄 자, 셋째 말 탄 자, 넷째 말 탄 자가 천사이므로 첫째 말 탄 자도 천사라고 본다.

'면류관을 받고 나아가서 이기고 또 이기려고 하더라'는 것은 사람들 마음에 이기려는 마음을 주는 것 같다.

양보가 없고 이기고 이기기만 하려는 마음은 대인관계를 깨버리고 화평을 깨버린다. 자기만 옳다고 하는 극단적인 이기심이다. 이런 사람은 잘못해도 시인하지 않고 바른 사람에게 잘못했다고 뒤집어씌운다.

지금 세계는 이런 지도자들이 나라를 다스리고, 강대국끼리 대치하고 국가와 국가가 대치하고 개인과 개인이 대치하고 있다. 직장에서도 가정에서도 이런 모습을 볼 수가 있다.

이것이 혹시 첫째 인 재앙이 세상에 임한 것이 아닌가 생각해 보아야 한다.

둘째 인 재앙(붉은 말)_세상에서 화평을 제하여 버림

계 6:3 "둘째 인을 떼실 때에 내가 들으니 둘째 생물이 말하되 오라 하니"

계 6:4 "이에 다른 붉은 말이 나오더라 그 탄 자가 허락을 받아 땅에서 화평을 제하여 버리며 서로 죽이게 하고 또 큰 칼을 받았더라"

전 세계의 화평을 제하여 버린 사건은 1차 세계대전과 2차 세계대전이다. 그러나 깊이 들여다보면 전 세계적인 것이 아니라 전쟁하는 나라에 제한되어 있었다.

그에 비해 최근에 일어난 코로나19 사건은 전 세계의 화평을 제하여 버린 유일한 사건이었다는 것을 알 수 있다. 2020년부터 2022년까지 3년 동안 모든 나라는 문을 잠그고 살았다.

지금도 코로나19는 유행하고 있으나 그로 인한 경제 침체로 살기 힘든 나라와 망하는 회사, 그리고 개인들이 너무 많아 덮고 있을 뿐이다.

셋째 인 재앙(검은 말)_식량, 물건값 폭등

계 6:5 "셋째 인을 떼실 때에 내가 들으니 셋째 생물이 말하되 오라 하기로 내가 보니 검은 말이 나오는데 그 탄 자가 손에 저울을 가졌더라"

계 6:6 "내가 네 생물 사이로부터 나는 듯한 음성을 들으니 이르되 한 데나리온에 밀 한 되요 한 데나리온에 보리 석 되로다 또 감람유와 포도주는 해치지 말라 하더라"

식료품과 물건값이 많이 오른다는 말씀이다. 코로나19와 러시아·우크라이나 전쟁으로 인해 세계의 식료품과 물건값이 많이 상승했다. 그리고 지금도 오르고 있다.

넷째 인 재앙(청황색 말)_땅 1/4 전쟁, 흉년, 질병 재앙

계 6:7 "넷째 인을 떼실 때에 내가 넷째 생물의 음성을 들으니 말하되 오라 하기로"

계 6:8 "내가 보매 청황색 말이 나오는데 그 탄 자의 이름은 사망이니 음부가 그 뒤를 따르더라 그들이 땅 사분의 일의 권세를 얻어 검과 흉년과 사망과 땅의 짐승들로써 죽이더라"

☞ 해석 1

'짐승들로써 죽이더라'

짐승들의 전염병이 사람에게 감염되어 죽는다고 해석할 수 있다.

☞ 해석 2

땅 1/4에 전쟁과 흉년과 사망이 생기고 짐승도 재난이 되고 짐승들이 옮기는 병도 재난이 되어 나타난다. 그러므로 애완용으로 키우는 동물들도 사람을 감염시키는 매체가 될 수도 있다.

다섯째 인 재앙_교회 핍박과 순교자 수가 차기까지

계 6:9 "다섯째 인을 떼실 때에 내가 보니 하나님의 말씀과 그들이 가진 증거로 말미암아 죽임을 당한 영혼들이 제단 아래에 있어"

계 6:10 "큰 소리로 불러 이르되 거룩하고 참되신 대주재여 땅에 거하는 자들을 심판하여 우리 피를 갚아 주지 아니하시기를 어느 때까지 하시려 하나이까 하니"

계 6:11 "각각 그들에게 흰 두루마기를 주시며 이르시되 아직 잠시 동안 쉬되 그들의 동무 종들과 형제들도 자기처럼 죽임을 당하여 그 수가 차기까지 하라 하시더라"

아랍국가와 아프리카에서는 기독교인이라는 이유로 핍박을 받고 죽는 일이 많이 발생하고 있다.

시리아 내전에서 기독교인이 많이 죽었다. 중동과 인도, 중국, 북한 등 여러 나라에서도 기독교인들은 박해를 당하거나 죽고 있다.

순교자의 수가 차기까지 박해는 계속 있을 것이다.

여섯째 인 재앙_큰 지진, 산과 섬이 옮겨짐

계 6:12 "내가 보니 여섯째 인을 떼실 때에 큰 지진이 나며 해가 검은 털로 짠 상복 같이 검어지고 달은 온통 피 같이 되며"

계 6:13 "하늘의 별들이 무화과나무가 대풍에 흔들려 설익은 열매가 떨어지는 것 같이 땅에 떨어지며"

계 6:14 "하늘은 두루마리가 말리는 것 같이 떠나가고 각 산과 섬이 제 자리에서 옮겨지매"

지진과 화산 폭발로 산이 없어지고 섬이 없어지는 것을 말한다.

아직 산이 없어지고 섬이 없어지는 큰일은 생기지 않았다.

하지만 세계 각국에서 징조로 보이는 지진과 화산 폭발이 현재도 계속 일어나고 있다. 만약 뉴스에 이런 일이 방송된다면 들림 사건이 임박했다는 것을 알아야 한다.

다음 일곱 번째 인을 떼기 전에 들림 사건이 일어날 것이 기록되어 있다. 그러므로 대환난을 피하고 싶으면 철저한 신앙생활을 하여 준비해야 한다.

땅의 사람들이 두려워하고 무서워 함

계 6:15 "땅의 임금들과 왕족들과 장군들과 부자들과 강한 자들과 모든 종과 자유인이 굴과 산들의 바위 틈에 숨어"

계 6:16 "산들과 바위에게 말하되 우리 위에 떨어져 보좌에 앉으신 이의 얼굴에서와 그 어린 양의 진노에서 우리를 가리라"

계 6:17 "그들의 진노의 큰 날이 이르렀으니 누가 능히 서리요 하더라"

예수님의 심판을 믿지 않던 세상 권세자들과 부자들도 여섯째 인 재앙을 보고 두려워 떤다는 것이다.

02 144,000과 흰 옷 입은 큰 무리

계시록 7장 내용 요약 🖋

(들림 사건 예시 **1**) 144,000과 흰 옷 입은 큰 무리
여섯째 인 재앙과 일곱째 인 재앙 사이에 있는 내용이다.

7:1~3	구원의 인치는 천사
7:4~8	이스라엘 중 인침을 받은 자 **144,000**
7:9	인 맞은 자, 이방인의 큰 무리
7:10	인 맞은 자들의 찬양과 경배
7:11~12	천사, 이십사 장로, 네 생물의 찬양과 경배
7:13~14	큰 환난에서 나온 흰 옷 입은 자
7:15~17	흰 옷 입은 자들의 행복한 삶

들림 성구 예시 ① – 언제 들림받을지는 하나님만 아신다.

(계 7:4,9,13~14) "[4] 내가 인침을 받은 자의 수를 들으니 이스라엘 자손의 각 지파 중에서 인침을 받은 자들이 십사만 사천이니 [9] 이 일 후에 내가 보니 각 나라와 족속과 백성과 방언에서 아무도 능히 셀 수 없는 큰 무리가 나와 흰 옷을 입고 손에 종려 가지를 들고 보좌 앞과 어린 양 앞에 서서 [13] 장로 중 하나가 응답하여 나에게 이르되 이 흰 옷 입은 자들이 누구며 또 어디서 왔느냐 [14] 내가 말하기를 내 주여 당신이 아시나이다 하니 그가 나에게 이르되 이는 큰 환난에서 나오는 자들인데 어린 양의 피에 그 옷을 씻어 희게 하였느니라"

구원의 인치는 천사

계 7:1 "이 일 후에 내가 네 천사가 땅 네 모퉁이에 선 것을 보니 땅의 사방의 바람을 붙잡아 바람으로 하여금 땅에나 바다에나 각종 나무에 불지 못하게 하더라"

계 7:2 "또 보매 다른 천사가 살아 계신 하나님의 인을 가지고 해 돋는 데로부터 올라와서 땅과 바다를 해롭게 할 권세를 받은 네 천사를 향하여 큰 소리로 외쳐"

계 7:3 "이르되 우리가 우리 하나님의 종들의 이마에 인치기까지 땅이나 바다나 나무들을 해하지 말라 하더라"

천사들이 구원받을 사람에게는 이마에 구원의 인을 친다. 모든 성도는 구원의 인을 맞기 위해 간절히 기도해야 한다.

인 맞은 자 이스라엘 자손 144,000명

계 7:4 "내가 인침을 받은 자의 수를 들으니 이스라엘 자손의 각 지파 중에서 인침을 받은 자들이 십사만 사천이니"

계 7:5 "유다 지파 중에 인침을 받은 자가 일만 이천이요 르우벤 지파 중에 일만 이천이요 갓 지파 중에 일만 이천이요"

계 7:6 "아셀 지파 중에 일만 이천이요 납달리 지파 중에 일만 이천이요 므낫세 지파 중에 일만 이천이요"

계 7:7 "시므온 지파 중에 일만 이천이요 레위 지파 중에 일만 이천이요 잇사갈 지파 중에 일만 이천이요"

계 7:8 "스불론 지파 중에 일만 이천이요 요셉 지파 중에 일만 이천이요 베냐민 지파 중에 인침을 받은 자가 일만 이천이라"

☞ 인 맞은 144,000명 여러 가지 해석

1) 숫자적인 해석은 이스라엘 백성 중에 144,000명만 구원받는다는 것이다.

2) 상징적인 해석은 이스라엘 전체에서 구원받는 수를 상징적으로 말한 것이다. 실제 구원받는 수는 더 많다고 본다.

3) 다른 해석은 세계에서 구원받는 모든 숫자를 상징적으로 144,000이라고 표현했다는 것이다(계 14:1 근거함).

4) 이단은 자기들이 만든 지파의 수 144,000명만 구원받는다고 속인다.

필자는 2)번째 해석을 지지한다.

인 맞은 자, 이방인의 큰 무리

계 7:9 "이 일 후에 내가 보니 각 나라와 족속과 백성과 방언에서 아무도 능히 셀 수 없는 큰 무리가 나와 흰 옷을 입고 손에 종려 가지를 들고 보좌 앞과 어린 양 앞에 서서"

이방인이 구원받는 수는 아무도 능히 셀 수 없는 큰 무리라고 생각한다. 우리도 여기에 포함된다.

인 맞은 자들의 찬양과 경배

계 7:10 "큰 소리로 외쳐 이르되 구원하심이 보좌에 앉으신 우리 하나님과 어린 양에게 있도다 하니"

천사, 24장로, 네 생물의 찬양과 경배

계 7:11 "모든 천사가 보좌와 장로들과 네 생물의 주위에 서 있다가 보좌 앞에 엎드려 얼굴을 대고 하나님께 경배하여"

계 7:12 "이르되 아멘 찬송과 영광과 지혜와 감사와 존귀와 권능과 힘이 우리 하나님께 세세토록 있을지어다 아멘 하더라"

큰 환난에서 나온 흰 옷 입은 자

계 7:13 "장로 중 하나가 응답하여 나에게 이르되 이 흰 옷 입은 자들이 누구 며 또 어디서 왔느냐"

계 7:14 "내가 말하기를 내 주여 당신이 아시나이다 하니 그가 나에게 이르되 이는 큰 환난에서 나오는 자들인데 어린 양의 피에 그 옷을 씻어 희게 하였느니라"

예수님을 만나 찬양과 경배를 하는 사람들은 큰 환난에서 나온 자들이라고 명시하고 있다.

그들은 대환난에서 들림받은 사람인데, 더 큰 둘째 화와 셋째 화를 당하지 않고 들림받은 사람들이라고 생각한다.

'어린양의 피에 그 옷을 씻어 희게 하였느니라'라는 뜻은 자신이 죄인인 줄 알고 예수님께 죄를 회개하고 용서받고 예수님의 십자가 속죄의 피에 죄를 사함받은 사람들이 흰 세마포 옷을 입고 구원받았다는 뜻이다.

흰 옷 입은 자들의 행복한 삶

계 7:15 "그러므로 그들이 하나님의 보좌 앞에 있고 또 그의 성전에서 밤낮 하나님을 섬기매 보좌에 앉으신 이가 그들 위에 장막을 치시리니"

계 7:16 "그들이 다시는 주리지도 아니하며 목마르지도 아니하고 해나 아무 뜨거운 기운에 상하지도 아니하리니"

계 7:17 "이는 보좌 가운데에 계신 어린 양이 그들의 목자가 되사 생명수 샘으로 인도하시고 하나님께서 그들의 눈에서 모든 눈물을 씻어 주실 것임이라"

읽기만 해도 이해되고 깨달아지는 말씀이므로 해석이 필요 없다.

03 일곱째 인과 일곱 나팔

일곱째 인 떼심으로 일곱 나팔 든 천사 등장

계 8:1 "일곱째 인을 떼실 때에 하늘이 반 시간쯤 고요하더니"

계 8:2 "내가 보매 하나님 앞에 일곱 천사가 서 있어 일곱 나팔을 받았더라"

다른 천사가 성도의 기도를 담아 금 제단에 드림

계 8:3 "또 다른 천사가 와서 제단 곁에 서서 금 향로를 가지고 많은 향을 받았으니 이는 모든 성도의 기도와 합하여 보좌 앞 금 제단에 드리고자 함이라"

계 8:4 "향연이 성도의 기도와 함께 천사의 손으로부터 하나님 앞으로 올라가는지라"

성도의 기도는 향기로 변하여 천사들의 금 향로에 담기고 하나님 앞 금 제단에 드려진다. 기도의 향기가 천사들의 손에 들려져 하나님 앞에 올라간다는 말이다.

이 비밀을 안다면 기도하고 싶을 것이다. 많이 할수록 많은 향이 올라가니 하나님이 기뻐하신다.

기도하지 않는 사람은 큰 실수를 하고 있는 것이다.

하나님의 법칙은 '구하면 줄 것이요 구하지 않으면 아무것도 없다'는 것이다. 구하지 않는 것은 하나님 말씀을 믿지 않거나 게으른 것이다.

기도가 금 대접에 담긴다는 말씀은 (계 5:8)에도 있다.

제단 불을 땅에 쏟으매 우레, 번개, 지진이 남

계 8:5 "천사가 향로를 가지고 제단의 불을 담아다가 땅에 쏟으매 우레와 음성과 번개와 지진이 나더라"

첫째 나팔 재앙(1/3 땅 재앙)
피 섞인 우박과 불을 땅에 쏟으니 땅, 수목, 풀 1/3 타버림

계 8:6 "일곱 나팔을 가진 일곱 천사가 나팔 불기를 준비하더라"

계 8:7 "첫째 천사가 나팔을 부니 피 섞인 우박과 불이 나와서 땅에 쏟아지매
땅의 삼분의 일이 타 버리고 수목의 삼분의 일도 타 버리고 각종 푸른
풀도 타 버렸더라"

첫째 화의 끝부분이다. 일곱 나팔 재앙이 시작되는데 일곱 인 재앙보다
훨씬 크고 심각하다.

사람이 견디기 어려울 정도로 심각하다. 그래서 이 큰 재앙 앞에 들림
사건이 기록된 것 같다.

첫째 나팔을 부니 땅의 1/3이 타버린다.

둘째 나팔 재앙(1/3 바다 재앙)
불 붙은 큰 산이 바다에 던져짐. 바다→피, 바다생물 죽음, 배가 파괴됨

계 8:8 "둘째 천사가 나팔을 부니 불 붙는 큰 산과 같은 것이 바다에 던져지
매 바다의 삼분의 일이 피가 되고"

계 8:9 "바다 가운데 생명 가진 피조물들의 삼분의 일이 죽고 배들의 삼분의
일이 깨지더라"

셋째 나팔 재앙(1/3 강과 물 재앙)
횟불 같은 큰 별이 떨어짐. 물이 쓴 쑥물이 되어 사람이 먹고 죽음

계 8:10 "셋째 천사가 나팔을 부니 횃불 같이 타는 큰 별이 하늘에서 떨어져
강들의 삼분의 일과 여러 물샘에 떨어지니"

계 8:11 "이 별 이름은 쓴 쑥이라 물의 삼분의 일이 쓴 쑥이 되매 그 물이 쓴 물
이 되므로 많은 사람이 죽더라"

넷째 나팔 재앙(1/3 하늘, 기후, 공기 재앙)_해, 달, 별 1/3 어두워짐

계 8:12 "넷째 천사가 나팔을 부니 해 삼분의 일과 달 삼분의 일과 별들의 삼
분의 일이 타격을 받아 그 삼분의 일이 어두워지니 낮 삼분의 일은 비
추임이 없고 밤도 그러하더라"

계 8:13 "내가 또 보고 들으니 공중에 날아가는 독수리가 큰 소리로 이르되 땅
에 사는 자들에게 화, 화, 화가 있으리니 이는 세 천사들이 불어야 할
나팔 소리가 남아 있음이로다 하더라"

해석이 필요 없다고 생각한다. 말씀 그대로 믿으면 된다.

현재 방송을 통해서도 이런 조짐이 조금씩 나타나고 있는 것을 볼 수
있다. 이것이 세계적으로 1/3로 크게 나타나면 나팔 재앙이다.

세계 경제가 파괴되고 사람들이 두려워할 것이다. 갈수록 사람이 땅에
서 살기가 어려울 것이다.

04 나팔 재앙 계속됨

계시록 9장 전반부 내용 요약 🖋

9장 전반부는 다섯째 나팔 재앙만 기록됨
(구원받지 못한 사람을 괴롭히는 재앙)

9:1~3   다섯째 나팔 재앙 「무저갱에서 황충이 올라옴」

9:4~6   황충이 구원의 인 맞지 않은 사람만 **5**개월간 괴롭힘
(전염병, 질병, 화생방 전쟁)

9:7~11   황충의 모습은 괴물처럼 생김

다섯째 나팔 재앙_무저갱이 열리고 황충이 올라옴

계 9:1 "다섯째 천사가 나팔을 불매 내가 보니 하늘에서 땅에 떨어진 별 하나가 있는데 그가 무저갱의 열쇠를 받았더라"

무저갱: 헬라어로 '아뷔소스'이며, 깊은 구덩이나 밑이 없는 지하 동굴, 죽은 자가 거하는 곳을 가리킨다.

계 9:2 "그가 무저갱을 여니 그 구멍에서 큰 화덕의 연기 같은 연기가 올라오매 해와 공기가 그 구멍의 연기로 말미암아 어두워지며"

계 9:3 "또 황충이 연기 가운데로부터 땅 위에 나오매 그들이 땅에 있는 전갈의 권세와 같은 권세를 받았더라"

황충: 명사 '아크리스(황충)'는 '메뚜기'를 의미한다.

전갈: 명사 '스코르피오스'는 '전갈'을 의미한다. 전갈의 꼬리에서 나오는 독침에 쏘이면 매우 고통스러우며 어린아이들에게는 치명적일 수도 있다.

메뚜기 떼와 같이 많은 마귀의 부하들이 올라와 전갈 같은 독으로 사람을 괴롭게 한다는 뜻이다.

황충이 구원의 인 맞지 않은 사람만 괴롭힘

계 9:4 "그들에게 이르시되 땅의 풀이나 푸른 것이나 각종 수목은 해하지 말고 오직 이마에 하나님의 인침을 받지 아니한 사람들만 해하라 하시더라"

계 9:5 "그러나 그들을 죽이지는 못하게 하시고 다섯 달 동안 괴롭게만 하게 하시는데 그 괴롭게 함은 전갈이 사람을 쏠 때에 괴롭게 함과 같더라"

계 9:6 "그 날에는 사람들이 죽기를 구하여도 죽지 못하고 죽고 싶으나 죽음이 그들을 피하리로다"

들림받지 못한 사람은 이 질병의 고통을 받아야 한다. 코로나19보다 훨씬 강력한 질병이 전 세계를 덮친다는 것이다.

황충의 모습은 괴물처럼 생김

계 9:7 "황충들의 모양은 전쟁을 위하여 준비한 말들 같고 그 머리에 금 같은 관 비슷한 것을 썼으며 그 얼굴은 사람의 얼굴 같고"

☞ '황충의 모습' 여러 가지 해석

1) 메뚜기 떼다.

2) 아랍인들이다. 그들이 전쟁할 때 이와 비슷하다.

3) 많은 군인과 군대의 여러 가지 무기 모습이다.

4) 어떤 존재의 상징적 모습이다.

5) 마귀 부하의 영적인 모습이다.

필자는 5)번을 지지한다. 우리가 모르는 영적인 존재가 많이 있다.

계 9:8 "또 여자의 머리털 같은 머리털이 있고 그 이빨은 사자의 이빨 같으며"

계 9:9 "또 철 호심경 같은 호심경이 있고 그 날개들의 소리는 병거와 많은 말들이 전쟁터로 달려 들어가는 소리 같으며"

계 9:10 "또 전갈과 같은 꼬리와 쏘는 살이 있어 그 꼬리에는 다섯 달 동안 사람들을 해하는 권세가 있더라"

계 9:11 "그들에게 왕이 있으니 무저갱의 사자라 히브리어로는 그 이름이 아바돈이요 헬라어로는 그 이름이 아볼루온이더라"

아바돈: 히브리어로 '아바돈'인데, '멸망'을 의미한다. 구약에서 아바돈
　　　은 죽음과 스올이 연루되어 있는 멸망의 장소를 가리킨다.
아볼루온: 헬라어로 '아폴뤼온'인데, '망하게 하는 자' 또는 '파괴자'를
　　　의미한다. 이 이름은 사탄에게 적절한 이름이다. 그는 이 메
　　　뚜기들의 왕이요, 거짓의 아비이다(요 8:44).

제2장 둘째 화

요한계시록 9장 후반부

둘째 화(심판) 시작

여섯째 나팔 재앙_결박한 네 천사 놓임

하늘의 군대 동원함

이상하게 생긴 것이 사람 1/3을 죽임

재앙에 살아남은 사람이 회개하지 않음

요한계시록 10장

힘센 천사 등장

일곱 우레 재앙(기록하지 말라고 하심)

요한계시록 11장 전반부

거룩한 성 42개월(3년 반) 짓밟힘

두 증인 활동_1,260일(3년 반) 예언, 능력 행함, 순교, 부활, 승천함

01 나팔 재앙 계속됨

계시록 9장 후반부 내용 요약

둘째 화 시작과 함께 여섯째 나팔 재앙

9:12	둘째 화(심판) 시작
9:13~15	여섯째 나팔 재앙 「결박한 네 천사 놓임」
9:16	하늘의 군대 동원함
9:17~19	이상하게 생긴 것이 사람 **1/3**을 죽임
9:20~21	재앙에 살아남은 사람이 회개하지 않음

계 9:12 "첫째 화는 지나갔으나 보라 아직도 이 후에 화 둘이 이르리로다"

여섯째 나팔 재앙_결박한 네 천사 놓임

계 9:13 "여섯째 천사가 나팔을 불매 내가 들으니 하나님 앞 금 제단 네 뿔에
서 한 음성이 나서"

계 9:14 "나팔 가진 여섯째 천사에게 말하기를 큰 강 유브라데에 결박한 네 천
사를 놓아 주라 하매"

계 9:15 "네 천사가 놓였으니 그들은 그 년 월 일 시에 이르러 사람 삼분의 일
을 죽이기로 준비된 자들이더라"

여섯째 나팔을 부니 결박한 네 천사(계 7:3)를 놓아주라고 하신다. 그들
은 사람 1/3을 죽이기로 준비된 자들이다.

하늘의 군대 동원함

계 9:16 "마병대의 수는 이만 만이니 내가 그들의 수를 들었노라"

하늘의 군대가 수를 셀 수 없이 동원되었다.

이상하게 생긴 것이 사람 1/3을 죽임

계 9:17 "이 같은 환상 가운데 그 말들과 그 위에 탄 자들을 보니 불빛과 자줏
빛과 유황빛 호심경이 있고 또 말들의 머리는 사자 머리 같고 그 입에
서는 불과 연기와 유황이 나오더라"

☞ 여러 가지 해석

1) 어떤 이는 탱크와 장갑차 같다고 한다.

2) 대포와 화생방 무기 등과 비슷한 무기라고도 한다.

3) 영적 모습의 상징적인 표현이라고도 한다.

필자는 3)번을 선택한다.

계 9:18 "이 세 재앙 곧 자기들의 입에서 나오는 불과 연기와 유황으로 말미암아 사람 삼분의 일이 죽임을 당하니라"

계 9:19 "이 말들의 힘은 입과 꼬리에 있으니 꼬리는 뱀 같고 또 꼬리에 머리가 있어 이것으로 해하더라"

☞ 여러 가지 해석

1) 전쟁으로 사람 1/3이 죽는다고 본다.

2) 애굽의 장자를 치신 것과 같이 하나님의 능력으로 심판한다고 본다.

필자는 2)번을 선택한다.

재앙에 살아남은 사람이 회개하지 않음

계 9:20 "이 재앙에 죽지 않고 남은 사람들은 손으로 행한 일을 회개하지 아니하고 오히려 여러 귀신과 또는 보거나 듣거나 다니거나 하지 못하는 금, 은, 동과 목석의 우상에게 절하고"

계 9:21 "또 그 살인과 복술과 음행과 도둑질을 회개하지 아니하더라"

성령이 역사하지 않는 사람은 재앙을 만나도 회개하지 않는다.

힘센 천사 등장과 일곱 우레 재앙

10:1~2 힘센 천사(땅과 바다를 밟고 있음)

10:3~4 일곱 우레 재앙(기록하지 말라고 하심)

10:5~7 일곱째 나팔을 불 때 복음의 비밀이 이루어짐

10:8~10 요한에게 '두루마리를 먹으라' 하여 먹음

10:11 요한에게 사명을 줌

힘센 큰 천사 등장

계 10:1 "내가 또 보니 힘 센 다른 천사가 구름을 입고 하늘에서 내려오는데 그 머리 위에 무지개가 있고 그 얼굴은 해 같고 그 발은 불기둥 같으며"

계 10:2 "그 손에는 펴 놓인 작은 두루마리를 들고 그 오른 발은 바다를 밟고 왼 발은 땅을 밟고"

큰 권세를 위임받은 천사가 등장한다. 세상을 심판할 수 있는 위엄을 나타낸다. 그가 소리를 낼 때 일곱 우레가 말하였다.

일곱 우레 재앙

계 10:3 "사자가 부르짖는 것 같이 큰 소리로 외치니 그가 외칠 때에 일곱 우레가 그 소리를 내어 말하더라"

계 10:4 "일곱 우레가 말을 할 때에 내가 기록하려고 하다가 곧 들으니 하늘에서 소리가 나서 말하기를 일곱 우레가 말한 것을 인봉하고 기록하지 말라 하더라"

일곱 우레 재앙은 다음과 같을 것이라고 추론한다.

첫째는 일곱 인을 떼는 재앙과 일곱 나팔 재앙과 일곱 대접 재앙을 볼 때 땅과 바다, 물과 공중, 사람들에게 재앙으로 나타났다. 그렇다면 일곱 우레 재앙도 그와 같은 일로 나타날 것이라고 생각할 수 있다.

둘째는 일곱 우레 재앙은 천둥과 번개를 동반한다. 그러면 땅에 있는 사람들은 두려움과 공포에 떨게 될 것이다.

하늘은 시커먼 구름으로 덮여 어두울 것이고 바람이 강하게 불 것이고, 엄청난 비가 내려 홍수가 날 것이다.

땅이 제 기능을 하지 못할 것이고 바다도 폭풍과 풍랑으로 요동칠 것이다. 물도 저주를 받고 하늘도 저주를 받아 태양을 보기가 어려울 것이다.
사람들은 매일 두려움과 공포 속에서 살아가고 식량을 구할 수 없어 굶
주림과 질병으로 죽어나가는 사람들이 속출할 것이다.
사람이 견디기 어려운 큰 재앙이 임할 것을 추측할 수 있다.

큰 천사의 외침

계 10:5 "내가 본 바 바다와 땅을 밟고 서 있는 천사가 하늘을 향하여 오른손
을 들고"

계 10:6 "세세토록 살아 계신 이 곧 하늘과 그 가운데에 있는 물건이며 땅과
그 가운데에 있는 물건이며 바다와 그 가운데에 있는 물건을 창조하신
이를 가리켜 맹세하여 이르되 지체하지 아니하리니"

계 10:7 "일곱째 천사가 소리 내는 날 그의 나팔을 불려고 할 때에 하나님이
그의 종 선지자들에게 전하신 복음과 같이 하나님의 그 비밀이 이루어
지리라 하더라"

일곱째 천사가 나팔을 불면 최후 심판(7대접 심판)이 이루어진다. 그러
면 성경에 기록된 비밀이 전부 이루어진다.

두루마리를 먹으라 함

계 10:8 "하늘에서 나서 내게 들리던 음성이 또 내게 말하여 이르되 네가 가서
바다와 땅을 밟고 서 있는 천사의 손에 펴 놓인 두루마리를 가지라 하
기로"

계 10:9 "내가 천사에게 나아가 작은 두루마리를 달라 한즉 천사가 이르되 갖

다 먹어 버리라 네 배에는 쓰나 네 입에는 꿀 같이 달리라 하거늘"

계 10:10 "내가 천사의 손에서 작은 두루마리를 갖다 먹어 버리니 내 입에는 꿀
같이 다나 먹은 후에 내 배에서는 쓰게 되더라"

요한이 천사가 주는 두루마리 말씀을 먹었다.

하나님의 말씀을 받아먹으면 입에는 꿀같이 달지만, 뱃속에서는 죄를
깨달으니 쓰고, 회개하려니 쓰고, 말씀을 실천하려니 쓰다.

요한에게 사명을 줌

계 10:11 "그가 내게 말하기를 네가 많은 백성과 나라와 방언과 임금에게 다시
예언하여야 하리라 하더라"

천사가 요한에게 예언의 말씀을 전하는 사명을 주었다. 우리도 말씀을
다른 이에게 전하는 사명이 있다.

03 두 증인 등장

계시록 11장 전반부 내용 요약_둘째 화 기간

두 증인의 1,260일 활동함과 순교, 부활, 승천

11:1~2	이방인이 거룩한 성을 **42개월** 짓밟음(**3년 반**)
11:3~6	두 증인 **1,260일**(**3년 반**) 능력 행함과 활동
11:7~10	사명 끝에 무저갱에서 온 짐승에게 순교 당함
11:11~12	두 증인 **3일 반** 후 부활, 승천
11:13	땅에 큰 지진, 많은 사람이 죽음

거룩한 성이 42개월 짓밟힘

계 11:1 "또 내게 지팡이 같은 갈대를 주며 말하기를 일어나서 하나님의 성전
과 제단과 그 안에서 경배하는 자들을 측량하되"

계 11:2 "성전 바깥 마당은 측량하지 말고 그냥 두라 이것은 이방인에게 주었
은즉 그들이 거룩한 성을 마흔두 달 동안 짓밟으리라"

이방인이 거룩한 성 예루살렘을 42개월 동안 짓밟는다.

42개월이 언제부터 시작인지는 모른다.

둘째 화 시작할 때인지 중간인지 끝날 때인지 정확하게 모른다.

그러므로 둘째 화 기간이 3년 반이라고 단정 지을 수 없다.

두 증인이 1,260일 예언과 능력을 행함

계 11:3 "내가 나의 두 증인에게 권세를 주리니 그들이 굵은 베옷을 입고 천이
백육십 일을 예언하리라"

☞ '두 증인' 여러 가지 해석

1) 신약과 구약이라고 하는 분이 있다.

2) 상징적이라고 하는 분이 있다.

3) 실제로 하나님의 종이라고 하는 분이 있다.

필자는 3)번을 선택한다.

☞ 1,260일 예언 해석

둘째 화 시작할 때부터인지 아니면 중간부터인지 아니면 둘째 화 끝부
분인지가 명확하지 않다.

(계 11:3)은 둘째 화 끝부분이다.

계 11:4 "그들은 이 땅의 주 앞에 서 있는 두 감람나무와 두 촛대니"

감람나무는 하나님의 종이다.

두 촛대는 두 교회나 두 교단을 말한다.

두 증인은 두 감람나무와 두 촛대같이 쓰임받는 사람들이라고 본다.

계 11:5 "만일 누구든지 그들을 해하고자 하면 그들의 입에서 불이 나와서 그들의 원수를 삼켜 버릴 것이요 누구든지 그들을 해하고자 하면 반드시 그와 같이 죽임을 당하리라"

두 증인의 사역 중에 하나님이 함께 하시고 지켜 주신다는 것을 알 수 있다.

계 11:6 "그들이 권능을 가지고 하늘을 닫아 그 예언을 하는 날 동안 비가 오지 못하게 하고 또 권능을 가지고 물을 피로 변하게 하고 아무 때든지 원하는 대로 여러 가지 재앙으로 땅을 치리로다"

두 증인은 다른 사람이 할 수 없는 큰 권능을 행하며 사역을 감당한다.

무저갱에서 올라온 짐승이 두 증인을 죽임

계 11:7 "그들이 그 증언을 마칠 때에 무저갱으로부터 올라오는 짐승이 그들과 더불어 전쟁을 일으켜 그들을 이기고 그들을 죽일 터인즉"

1,260일의 사명이 끝나는 시기에 무저갱에서 올라온 마귀의 부하 짐승이 두 증인을 죽인다. 그래서 순교한다.

사명이 있는 사람은 사명 끝날 때까지는 하나님이 지키신다. 그러나 사명이 끝나면 데려가신다.

계 11:8 "그들의 시체가 큰 성 길에 있으리니 그 성은 영적으로 하면 소돔이라고도 하고 애굽이라고도 하니 곧 그들의 주께서 십자가에 못 박히신 곳이라"

계 11:9 "백성들과 족속과 방언과 나라 중에서 사람들이 그 시체를 사흘 반 동안을 보며 무덤에 장사하지 못하게 하리로다"

계 11:10 "이 두 선지자가 땅에 사는 자들을 괴롭게 한 고로 땅에 사는 자들이 그들의 죽음을 즐거워하고 기뻐하여 서로 예물을 보내리라 하더라"

두 증인이 부활하여 승천함

계 11:11 "삼 일 반 후에 하나님께로부터 생기가 그들 속에 들어가매 그들이 발로 일어서니 구경하는 자들이 크게 두려워하더라"

계 11:12 "하늘로부터 큰 음성이 있어 이리로 올라오라 함을 그들이 듣고 구름을 타고 하늘로 올라가니 그들의 원수들도 구경하더라"

땅에서는 큰 지진이 일어나 많은 사람이 죽음

계 11:13 "그 때에 큰 지진이 나서 성 십분의 일이 무너지고 지진에 죽은 사람이 칠천이라 그 남은 자들이 두려워하여 영광을 하늘의 하나님께 돌리더라"

제3장 셋째 화

1. 하늘에서 일어난 일

요한계시록 11장 후반부

일곱 째 나팔을 붐_최후 심판의 시작

24장로의 하나님 경배

하늘 성전 안의 모습

2. 땅에서 일어난 일

요한계시록 12장

12면류관을 쓴 여자(성도, 기독교) 등장

붉은 용(마귀) 등장_머리 일곱, 뿔이 열, 머리에 일곱 왕관이 있는 괴물. 성도를
죽이려고 함

피난처 등장_여자(성도)를 피난처로 1,260일 동안 피신시킴 (들림 사건 예시 **2**)

마귀가 땅으로 쫓겨남

마귀가 교회와 성도를 핍박함(순교해야 함)

요한계시록 13장

첫 번째 짐승 등장(마귀가 세움, 42개월 일함)

두 번째 짐승 등장(적그리스도, 성도 미혹)

666표를 받아 매매를 하게 함

3. 하늘의 모습

요한계시록 14장

어린양 등장과 144,000명이 하나님 찬양

첫째 천사 선포

둘째 천사 선포

셋째 천사 선포

알곡(곡식)과 가라지 추수 (들림 사건 예시 **3**)

알곡 올라감

요한계시록 15장

일곱 대접 재앙을 준비하는 모습

짐승과 우상과 666표를 이기고 벗어난 자 들림받음 (들림 사건 예시 **3**)

일곱 금 대접 재앙을 받은 천사 등장

4. 땅의 모습

요한계시록 16장

일곱 대접 재앙 등장(마지막 최후 심판)

첫째 대접 재앙_땅 재앙

둘째 대접 재앙_바다 재앙

셋째 대접 재앙_강과 물 재앙

넷째 대접 재앙_태양 재앙

다섯째 대접 재앙_짐승 왕좌와 짐승을 따르는 무리 재앙

여섯째 대접 재앙_귀신의 영이 전쟁을 준비함(아마겟돈 전쟁)

일곱째 대접 재앙_지구의 모든 곳이 파괴됨

요한계시록 17, 18, 19장

최후심판 모습 보충 설명함

큰 음녀 심판_세상과 짝한 교회(음녀) 심판 (17장)

큰 성 바벨론 심판_세상 모든 사람(불신자) 심판 (18장)

하늘 혼인 잔치와 땅의 심판 모습 (19장)

01   일곱째 나팔 재앙

계시록 11장 후반부 내용 요약_셋째 화 심판 시작 ✏️

일곱째 나팔 재앙

11:14	셋째 화 시작
11:15	일곱째 나팔_최후 심판 시작됨
11:16~18	**24**장로가 경배함
11:19	하늘 성전 안의 모습

셋째 화 시작됨

계 11:14 "둘째 화는 지나갔으나 보라 셋째 화가 속히 이르는도다"

셋째 화는 마지막 심판이 시작되었다는 말씀이다.

일곱째 나팔 재앙이 마지막 재앙이다.

여섯째 나팔 재앙에서 얼마간의 시간이 지난 후에 7번째 나팔을 분다.

세상의 마지막 심판인 셋째 화가 시작되는 것이다.

둘째 화 기간보다 더 어려움이 많이 나타날 것이다.

땅과 바다, 그리고 물과 하늘에 쏟아지는 재앙과 사람에게 임하는 죽음
과 살기 힘든 환경이 전 세계에 고통스럽게 미칠 것이다.

일곱째 천사가 나팔을 붐_최후심판이 시작됨

계 11:15 "일곱째 천사가 나팔을 불매 하늘에 큰 음성들이 나서 이르되 세상 나
라가 우리 주와 그의 그리스도의 나라가 되어 그가 세세토록 왕 노릇
하시리로다 하니"

일곱째 천사가 나팔을 불면서 셋째 화가 시작된다.

온 세상에 가장 견디기 힘든 재앙이 시작된 것이다.

셋째 화 기간에 들어간 성도들은 믿음생활을 잘못한 사람들이다. 이 기
간에는 회개하고 순교하는 신앙으로 믿어야 구원받는다.

24장로가 하나님을 경배함

계 11:16 "하나님 앞에서 자기 보좌에 앉아 있던 이십사 장로가 엎드려 얼굴을
땅에 대고 하나님께 경배하여"

계 11:17 "이르되 감사하옵나니 옛적에도 계셨고 지금도 계신 주 하나님 곧 전
　　　 능하신 이여 친히 큰 권능을 잡으시고 왕 노릇 하시도다"

계 11:18 "이방들이 분노하매 주의 진노가 내려 죽은 자를 심판하시며 종 선지
　　　 자들과 성도들과 또 작은 자든지 큰 자든지 주의 이름을 경외하는 자
　　　 들에게 상 주시며 또 땅을 망하게 하는 자들을 멸망시키실 때로소이다
　　　 하더라"

　　　 일곱째 나팔을 부니 24장로들이 하나님을 찬양하고 경배한다. 24장로
　　　 들은 하나님의 심판이 공의롭다고 찬양하며 경배하고 있다.
　　　 엎드려 얼굴을 땅에 대고 하나님을 경배한다고 말한다.
　　　 이 자세는 자신을 최대한 낮추는 것이다.
　　　 (계 1:17)에서도 설명한 바 있듯이 피조물은 하나님과 대등한 관계가
　　　 아니다. 먼지와 티끌 같은 존재 즉, 아무것도 아니라는 말이다.
　　　 자신의 존재를 잊지 말고 자신을 높이는 말과 행동을 하지 않아야 한다.
　　　 멸망받을 사람은 마귀처럼 자신을 높인다.
　　　 그러나 성령 받은 사람은 자신의 위치를 알고 최대한으로 낮춘다. 모두
　　　 가 성령 받은 분들이 되기를 바란다.

하늘 성전 안의 모습

계 11:19 "이에 하늘에 있는 하나님의 성전이 열리니 성전 안에 하나님의 언약
　　　 궤가 보이며 또 번개와 음성들과 우레와 지진과 큰 우박이 있더라"
　　　 하나님은 언약을 지키는 분이시다. 성경에 언약한 것을 그대로 이행하
　　　 신다. 그래서 하늘 성전에 언약궤가 보인 것이다.

02 여자와 붉은 용, 피난처

여자, 붉은 용, 피난처가 나타남

12:1~2	큰 해를 옷 입은 여자 등장
12:3	큰 붉은 용의 모습_머리 7개, 뿔 10개
12:4~5	용이 여자를 괴롭힘
12:6	여자가 1,260일 동안 피난처로 옮겨짐
12:7	하늘에서 천군과 마귀와 싸움
12:8~9	마귀와 그 부하들이 져서 땅으로 내쫓김
12:10~12	하늘에서 들리는 큰 음성
12:13	마귀가 여자를 박해함
12:14	성도가 마귀를 피하여 3년 반을 피난처에 있음
12:15~16	마귀가 성도를 죽이려고 하나 땅이 도와 줌
12:17	마귀가 계명을 지킨 자와 싸우려고 함

계시록 12장은 셋째 화가 시작할 때 마귀의 역사가 강해져 성도를 괴롭게 하는 이야기다.

첫째는 마리아와 예수님의 탄생과 고난과 부활, 승천 이야기다.

둘째는 성도와 교회의 탄생과 핍박 이야기다.

셋째는 마귀가 성도와 교회를 핍박하는 이야기다.

넷째는 핍박받는 성도를 1,260일 동안 피난처로 도피시킨다는 이야기다.

피난처가 하늘이 될 수도 있고 땅도 될 수 있다고 본다. 하나님만 아시는 말씀이다. 하지만 성도는 큰 심판을 피하게 해 주신다는 말씀이다.

(계 12:14) 때문에 들림 사건은 환난 중간에 일어난다고 주장하는 분들도 있다.

(계 14:16)의 알곡 추수한 사건과 (계 15:2) "짐승과 그의 우상과 그의 이름의 수를 이기고 벗어난 자들이 유리 바다 가에 서서 하나님의 거문고를 가지고" 하나님을 찬양하는 모습이 등장한다.

즉 마지막 일곱 대접 심판 전에 알곡이 되어 하늘나라 유리 바다에서 하나님을 찬양하는 성도들이 있다. 이 구절 때문에 들림 사건은 큰 환난 끝에 있다고 주장하는 분들이 있다.

들림 성구 예시 ② – 언제 들림받을지는 하나님만 아신다.

큰 환난이 있기 전에 성도를 피난시킨다는 내용이다.

(계 12:5~6) "[5] 여자가 아들을 낳으니 이는 장차 철장으로 만국을 다스릴 남자라 그 아이를 하나님 앞과 그 보좌 앞으로 올려가더라 [6] 그 여자가 광야로 도망하매 거기서 천이백육십 일 동안 그를 양육하기 위하여 하나님께서 예비하신 곳이 있더라"

'그 보좌 앞으로 올려가더라' 이 말씀도 하나님 보좌 앞으로 옮겨진다는 뜻이다.

(계 12:14) "그 여자가 큰 독수리의 두 날개를 받아 광야 자기 곳으로 날아가 거기서 그 뱀의 낯을 피하여 한 때와 두 때와 반 때를 양육받으매"

'날아가' 이 뜻은 하나님의 권능으로 옮겨진다는 것이다. 하늘로 아니면 땅의 광야(하나님께서 예비하신 곳)로 옮겨진다고 본다. 그래서 들림 사건 예시로 보는 것이다.

큰 해를 옷 입은 여자 등장

계 12:1 "하늘에 큰 이적이 보이니 해를 옷 입은 한 여자가 있는데 그 발 아래에는 달이 있고 그 머리에는 열두 별의 관을 썼더라"

여기서 여자는 성도와 교회를 상징한다.

이 이야기에는 과거 예수님이 태어나셨을 때의 모습이 나타난다. 그러나 계시록은 미래에 일어날 일을 기록한 책이므로 셋째 화 기간에 일어날 일이라고 생각한다.

교회나 성도는 태양빛과 같은 하나님의 은혜를 입고, 달과 12면류관과 같은 영광을 받은 것이다.

계 12:2 "이 여자가 아이를 배어 해산하게 되매 아파서 애를 쓰며 부르짖더라"

교회나 성도가 한 영혼을 구원하기 위해서는 해산하는 것 같은 아픔을 겪는다.

한 사람을 전도하여 교회로 인도할 때 어려움이 많다. 그리고 성경공부를 시켜서 세례를 받게 하고 교회에서 여러 가지 일을 하며 믿음이 성장하여, 신앙이 바로 세워져 살아가기까지 해산하는 것 같은 노력이 필요하다.

한 영혼을 구원하는 일은 이렇게 힘들고 어렵다. 그래서 영혼을 구원하는 사람들에게 상급이 크다.

(갈 4:19) "나의 자녀들아 너희 속에 그리스도의 형상을 이루기까지 다시 너희를 위하여 해산하는 수고를 하노니"

(딤전 2:15) "그러나 여자들이 만일 정숙함으로써 믿음과 사랑과 거룩함에 거하면 그의 해산함으로 구원을 얻으리라"

큰 붉은 용의 모습_머리 7, 뿔 10, 머리에 7왕관

계 12:3 "하늘에 또 다른 이적이 보이니 보라 한 큰 붉은 용이 있어 머리가 일곱이요 뿔이 열이라 그 여러 머리에 일곱 왕관이 있는데"

붉은 용 – 마귀이다.

머리가 일곱 – 세계의 강력한 왕 일곱이다(G7과 같은 것으로 본다).

뿔이 열 – 일곱 나라의 왕보다 조금 약한 열 나라의 왕이다(G10과 같은 것으로 본다).

일곱 왕관 – 일곱 나라의 왕들이 높은 권위가 있다는 뜻이다.

(계 17:7~12) "[7] 천사가 이르되 왜 놀랍게 여기느냐 내가 여자와 그가 탄 일곱 머리와 열 뿔 가진 짐승의 비밀을 네게 이르리라 [8] 네가 본 짐승은 전에 있었다가 지금은 없으나 장차 무저갱으로부터 올라와 멸망으로 들어갈 자니 땅에 사는 자들로서 창세 이후로 그 이름이 생명책에 기록되지 못한 자들이 이전에 있었다가 지금은 없으나 장차 나올 짐승을 보고 놀랍게 여기리라 [9] 지혜 있는 뜻이 여기 있으니 그 일곱 머리는 여자가 앉은 일곱 산이요 [10] 또 일곱 왕이라 다섯은 망하였고 하나는 있고 다른 하나는 아직 이르지 아니하였으나 이르면 반드시 잠시 동안 머무르리라 [11] 전에 있었다가 지금 없어진 짐승은 여덟째 왕이니 일곱 중에 속한 자라 그가 멸망으로 들어가리라 [12] 네가 보던 열 뿔은 열 왕이니 아직 나라를 얻지 못하였으나 다만 짐승과 더불어 임금처럼 한동안 권세를 받으리라"

'머리가 일곱, 뿔이 열, 왕관도 일곱' 이것은 마귀의 힘과 권세를 가진 지도자들이 강력하다는 뜻이다.

머리가 일곱인 것은 일곱 명의 머리만큼 똑똑하고 간사하다는 뜻도 된다.

일곱 왕관은 일곱 명의 왕과 같이 힘과 권력이 있고 높아져 있다는 것이다.

이 모습을 로마 교황청과 유럽 연합으로 해석하는 사람들이 많다.

또 마귀가 세상에 일곱 명의 왕과 같은 지도자와 또 다른 열 명의 지도자를 세워 세상의 중요한 일을 결정하고 통치하게 한다는 뜻도 된다.

용이 여자를 괴롭힘

계 12:4 "그 꼬리가 하늘의 별 삼분의 일을 끌어다가 땅에 던지더라 용이 해산하려는 여자 앞에서 그가 해산하면 그 아이를 삼키고자 하더니"

마귀가 교회와 성도를 없애려고 한다. 별과 같은 하나님의 종 몇 명을 죽인다. 즉, 교회 핍박이 강하게 나타난다는 것이다.

여기서 여자는 성도를 말하고 성도는 기도와 전도로 다른 성도를 낳는다. 그 과정이 해산하는 수고와 같다고 하였다. 마귀는 그렇게 힘들게 전도한 자를 삼키려고 한다.

계 12:5 "여자가 아들을 낳으니 이는 장차 철장으로 만국을 다스릴 남자라 그 아이를 하나님 앞과 그 보좌 앞으로 올려가더라"

철장: 철로 만든 지팡이

첫째 해석은 마리아가 낳은 예수님이 말씀으로 만국을 다스리는 권세가 있고, 부활 승천하여 하나님 보좌에 앉으셨다는 것이다.

둘째 해석은 성도가 낳은 그리스도인은 만국을 말씀으로 다스리고, 후에 구원받아 하나님 앞 보좌 앞으로 올라간다는 것이다.

여자가 1,260일 동안 피난처로 옮겨짐

계 12:6 "그 여자가 광야로 도망하매 거기서 천이백육십 일 동안 그를 양육하기 위하여 하나님께서 예비하신 곳이 있더라"

첫째 해석은 예수님이 애굽으로 피신한 것을 말하기도 한다.

둘째 해석은 성도가 피난처로 옮겨져서 1,260일 동안 보호를 받는다는 것이다.

이 땅에 하나님을 믿는 성도가 감당하기 힘든 큰 환난이 시작되었다. 그래서 하나님은 성도를 안전한 곳으로 피난시키고 땅에는 환난을 주기로 하신다.

피난시킨 장소가 하늘나라인지 땅인지는 분명하지 않다. 하지만 분명히 피난처로 옮긴다고 하신다. 피난처가 공중 혼인 잔치일 수도 있다. 그러므로 성도는 하나님께 감사와 영광을 돌려야 한다.

이것은 들림받는 사건 두 번째 예시다.

하늘에서 천군과 마귀와 싸움

계 12:7 "하늘에 전쟁이 있으니 미가엘과 그의 사자들이 용과 더불어 싸울새 용과 그의 사자들도 싸우나"

하늘에서 천군 미가엘과 그 부하들이 마귀와 그 부하들과 싸우는 구절이다.

마귀와 그 부하들이 져서 땅으로 내쫓김

계 12:8 "이기지 못하여 다시 하늘에서 그들이 있을 곳을 얻지 못한지라"

마귀가 져서 하늘에서 쫓겨난다.

계 12:9 "큰 용이 내쫓기니 옛 뱀 곧 마귀라고도 하고 사탄이라고도 하며 온

천하를 꾀는 자라 그가 땅으로 내쫓기니 그의 사자들도 그와 함께 내
쫓기니라"

용과 뱀을 '마귀' 또는 '사탄'이라고 한다. 그가 땅으로 쫓겨났다.
마귀가 하는 일은 천하를 속이는 것이다.
마귀는 거짓 지식으로 하나님이 없다고 하고 심판도 없다고 속인다.
사람을 속여 땅에서 하나님께 저주받게 하고 죽어서 지옥에 가게 한다.

하늘에서 들리는 큰 음성

계 12:10 "내가 또 들으니 하늘에 큰 음성이 있어 이르되 이제 우리 하나님의
구원과 능력과 나라와 또 그의 그리스도의 권세가 나타났으니 우리 형
제들을 참소하던 자 곧 우리 하나님 앞에서 밤낮 참소하던 자가 쫓겨
났고"

참소하는 자는 마귀이며, 그가 쫓겨났다는 말이다.

계 12:11 "또 우리 형제들이 어린 양의 피와 자기들이 증언하는 말씀으로써 그
를 이겼으니 그들은 죽기까지 자기들의 생명을 아끼지 아니하였도다"

마귀와의 싸움은 목숨을 걸어야 이긴다. 대충 해서는 안 된다.

계 12:12 "그러므로 하늘과 그 가운데에 거하는 자들은 즐거워하라 그러나 땅
과 바다는 화 있을진저 이는 마귀가 자기의 때가 얼마 남지 않은 줄을
알므로 크게 분내어 너희에게 내려갔음이라 하더라"

마귀가 땅으로 쫓겨났는데 크게 분을 내어 내려갔다고 한다. 그러므로
마귀를 조심해야 한다.

마귀가 여자를 박해함

계 12:13 "용이 자기가 땅으로 내쫓긴 것을 보고 남자를 낳은 여자를 박해하는 지라"

여자: 교회, 기독교 지도자, 기독교인

남자: 성도

마귀가 교회와 성도를 박해한다.

성도가 마귀를 피하여 3년 반을 피난처에 있음

계 12:14 "그 여자가 큰 독수리의 두 날개를 받아 광야 자기 곳으로 날아가 거기서 그 뱀의 낯을 피하여 한 때와 두 때와 반 때를 양육 받으매"

교회와 성도가 마귀를 피하여 3년 반 동안 피난처에서 양육받는다.

마귀가 성도를 죽이려고 하나 땅이 도와 줌

계 12:15 "여자의 뒤에서 뱀이 그 입으로 물을 강 같이 토하여 여자를 물에 떠내려 가게 하려 하되"

계 12:16 "땅이 여자를 도와 그 입을 벌려 용의 입에서 토한 강물을 삼키니"

마귀가 계명을 지킨 자와 싸우려고 함

계 12:17 "용이 여자에게 분노하여 돌아가서 그 여자의 남은 자손 곧 하나님의 계명을 지키며 예수의 증거를 가진 자들과 더불어 싸우려고 바다 모래 위에 서 있더라"

성도는 하나님의 계명을 지켜야 인정받는다.

셋째 화 기간에도 마귀가 계명을 지키는 자를 싫어하여 영적 전투를 하려고 한다.

계시록 12장은 과거 이야기인가?

현재 이야기인가?

재림 때 이야기인가?

모두 그때에 맞게 해석할 수 있다.

계시록 13장 내용 요약_셋째 화 기간 🖊

두 짐승 등장(마귀가 세운 지도자)

　첫 번째 짐승_연합 세계 지도자

　두 번째 짐승_적그리스도(가짜 어린양)

13:1~3	첫 번째 짐승_뿔이 열, 머리가 일곱인 괴물
13:4~5	마귀가 짐승에게 권세를 주어 **42개월** 통치
13:6~7	짐승이 하나님을 비방하고 성도를 이김
13:8	구원받지 못한 사람은 짐승을 경배함
13:9	귀가 있는 사람은 들으라 하심
13:10	성도의 박해와 순교
13:11	두 번째 짐승_어린양 같은데 용처럼 말함
13:12~13	두 번째 짐승이 행하는 큰 능력
13:14~15	우상을 만들고 경배하지 않는 자는 죽임
13:16~18	오른손과 이마에 **666표**를 받게 함

💬
_____

둘째 화 기간에 두 증인이 능력을 행하니, 마귀도 가짜 두 짐승을 만들어 능력을
행하여 사람을 속인다.

셋째 화 기간에 마귀가 큰 권세와 힘을 가지고 사람들을 통치한다는 이야기다.

1) 첫 번째 짐승(사람)을 세워 세상을 통치하게 한다.

2) 두 번째 짐승을 세워 그를 따르게 한다. 그는 거짓 하나님의 종이다. 적그리스
도라고 한다.

3) 666표를 받지 않은 사람은 매매를 못하게 한다.

첫 번째 짐승_뿔이 열, 머리가 일곱인 괴물

계 13:1 "내가 보니 바다에서 한 짐승이 나오는데 뿔이 열이요 머리가 일곱이
라 그 뿔에는 열 왕관이 있고 그 머리들에는 신성 모독 하는 이름들이
있더라"

한 짐승이 세워진다.

짐승으로 표현한 것은 구원받지 못하는 사람이라는 뜻이다.

뿔이 열, 머리가 일곱, 뿔에 열 왕관이 있다는 것은 (계 12:1)에 해석해
놓았으니 참고하면 된다.

신성모독하는 이름이 있다는 것은 하나님이 없다고 하거나 하나님의
말씀을 왜곡시켜서 더 저주받고 심판받게 하는 짓을 한다는 것이다.

이런 괴물과 같은 마귀가 세계를 통치하는 지도자를 세운다. 하나일 수
도 있고 여러 나라가 연합하여 통치할 수도 있다.

온 세계가 둘째 화로 큰 혼란에 빠져 있다. 정상적으로 돌아가는 나라
가 없다.

사람 1/3이 죽었고 또다른 재앙으로 계속 죽어가니, 인구가 급속히 감
소하여 식품과 물건을 생산하는 기능이 마비되었다.

땅과 바다, 물과 하늘이 재앙으로 인하여 사람이 살기가 어렵고, 땅의
들판이 파괴되고, 인구 사망으로 식량 생산도 부족하게 된다.

한 나라의 문제가 아니라 모든 나라의 문제가 된다. 그래서 해결하는
도구로 세계 단일 지도자를 만들어 세우고, 전 세계가 함께 먹는 문제
를 해결하려고 한다.

이때 세워지는 지도자가 마귀의 종이다. 불신자요, 괴물과 같은 능력과
성품을 가진 자이다.

계 13:2 "내가 본 짐승은 표범과 비슷하고 그 발은 곰의 발 같고 그 입은 사자의 입 같은데 용이 자기의 능력과 보좌와 큰 권세를 그에게 주었더라"

세계 단일 지도자의 강함과 능력을 표현하고 있다.

계 13:3 "그의 머리 하나가 상하여 죽게 된 것 같더니 그 죽게 되었던 상처가 나으매 온 땅이 놀랍게 여겨 짐승을 따르고"

일곱 지도자 중에 하나가 죽게 되었다가 회복되어 짐승을 따른다.

마귀가 짐승에게 권세를 주어 42개월 통치

계 13:4 "용이 짐승에게 권세를 주므로 용에게 경배하며 짐승에게 경배하여 이르되 누가 이 짐승과 같으냐 누가 능히 이와 더불어 싸우리요 하더라"

마귀가 짐승에게 권세를 주어 마귀와 짐승을 경배하게 한다. 악령과 귀신 축제가 심해진다는 것이다.

계 13:5 "또 짐승이 과장되고 신성 모독을 말하는 입을 받고 또 마흔두 달 동안 일할 권세를 받으니라"

짐승이 활동하는 기간은 42개월 즉, 3년 반이다.

짐승이 하나님을 비방하고 성도를 이김

계 13:6 "짐승이 입을 벌려 하나님을 향하여 비방하되 그의 이름과 그의 장막 곧 하늘에 사는 자들을 비방하더라"

짐승이 하나님, 교회, 성도를 비방한다. 천국이 없다고 말할 수도 있다.

계 13:7 "또 권세를 받아 성도들과 싸워 이기게 되고 각 족속과 백성과 방언과
　　　　나라를 다스리는 권세를 받으니"

　　　　남아 있는 성도들과 싸워서 이긴다. 그러므로 셋째 화 기간에 들어간
　　　　성도는 큰 고통을 받는다.

구원받지 못한 사람은 짐승을 경배함

계 13:8 "죽임을 당한 어린 양의 생명책에 창세 이후로 이름이 기록되지 못하
　　　　고 이 땅에 사는 자들은 다 그 짐승에게 경배하리라"

　　　　불신자나 교인 중에 구원받지 못할 자는 짐승의 말을 듣고 경배한다.

귀가 있는 사람은 들으라 하심

계 13:9 "누구든지 귀가 있거든 들을지어다"

　　　　사람이 귀를 가지고 있다면 이러한 하나님의 말씀을 듣고 정신 차려서
　　　　영적으로 깨어 신앙생활하고 셋째 화에 들어가지 않아야 한다. 혹 잘못
　　　　하여 들어갔다면 육신의 목숨을 부지하여 살려고 하지 말고 빨리 순교
　　　　하여 구원받아라.

　　　　짐승의 귀를 가지고 있는 사람은 이런 말씀이 안 들린다.

성도의 박해와 순교

계 13:10 "사로잡힐 자는 사로잡혀 갈 것이요 칼에 죽을 자는 마땅히 칼에 죽을
　　　　것이니 성도들의 인내와 믿음이 여기 있느니라"

　　　　이때의 기독교인은 사로잡히거나 순교한다. 그러므로 구원받고 싶으면

살려고 피하지 말고 빨리 순교하라. 아니면 깊은 산속으로 피하여 숨어 살아라.

두 번째 짐승_어린양 같은데 용처럼 말함

계 13:11 "내가 보매 또 다른 짐승이 땅에서 올라오니 어린 양 같이 두 뿔이 있고 용처럼 말을 하더라"

가짜 기독교 지도자를 세워서 믿고 따르게 한다.

두 번째 짐승이 행하는 큰 능력

계 13:12 "그가 먼저 나온 짐승의 모든 권세를 그 앞에서 행하고 땅과 땅에 사는 자들을 처음 짐승에게 경배하게 하니 곧 죽게 되었던 상처가 나은 자니라"

계 13:13 "큰 이적을 행하되 심지어 사람들 앞에서 불이 하늘로부터 땅에 내려오게 하고"

사람들이 믿고 따르도록 가짜 기독교 지도자가 큰 능력을 행하여 보여준다. 여기에 속지 않아야 한다.

지금 시대에서도 그런 능력이나 지식, 그리고 권세를 보고 따르면 안 되고 성령의 열매를 보고 따라야 한다. 성령 받은 사람은 성령의 열매를 맺는다.

우상을 만들고 경배하지 않는 자는 죽임

계 13:14 "짐승 앞에서 받은 바 이적을 행함으로 땅에 거하는 자들을 미혹하며 땅에 거하는 자들에게 이르기를 칼에 상하였다가 살아난 짐승을 위하여 우상을 만들라 하더라"

계 13:15 "그가 권세를 받아 그 짐승의 우상에게 생기를 주어 그 짐승의 우상으로 말하게 하고 또 짐승의 우상에게 경배하지 아니하는 자는 몇이든지 다 죽이게 하더라"

제 2계명에 '우상을 만들지 말고 섬기지 말라' 하였는데, 우상을 만들고 경배하지 않으면 죽인다.

지금도 제 4계명에 '안식일을 기억하여 거룩히 지키라' 하였는데, 목회자와 교회가 주일성수를 하지 않고 성도에게도 하지 않아도 된다고 가르친다. 오히려 지키는 사람을 '신약에서는 폐지되었는데 왜 주장하느냐'고 비난한다.

이런 비난을 하는 사람을 조심해야 한다.

●● 만약 우상숭배를 하는 사람에게만 식료품을 받을 수 있는 표를 준다면, 그 표가 666 짐승표가 되는 것이다. 그때 가보면 알게 될 것이다. ●●

두 번째 짐승이 오른손과 이마에 666표를 받게 함

계 13:16 "그가 모든 자 곧 작은 자나 큰 자나 부자나 가난한 자나 자유인이나 종들에게 그 오른손에나 이마에 표를 받게 하고"

계 13:17 "누구든지 이 표를 가진 자 외에는 매매를 못하게 하니 이 표는 곧 짐승의 이름이나 그 이름의 수라"

계 13:18 "지혜가 여기 있으니 총명한 자는 그 짐승의 수를 세어 보라 그것은 사람의 수니 그의 수는 육백육십육이니라"

셋째 화 기간에는 모든 식료품과 식량이 부족하다.

땅과 바다와 물과 하늘이 심판을 받아 제 기능을 하지 못한다. 계속하여 기후 이변과 재난이 발생한다.

그래서 사람이 살기 위하여 인간적인 방법으로 세계 단일 지도체계를 만들어 식량을 배급제로 지급한다.

이때 정신 차린 기독교인들이 반대할 것이다.

☞ 짐승의 수 666표에 관한 여러 가지 해석

1) 손과 이마에 바코드를 새긴다.

2) 칩을 심는다.

3) 짐승에게 순종 표시다.

4) 식량을 배급받기 위한 표시다.

5) 영적으로 마귀의 종이 되는 표시다.

6) 문자 그대로 해석해야 한다.

7) 상징적으로 해석해야 한다.

정답은 모른다. 그때 가봐야 알게 될 것이다. 그러므로 셋째 화에 들어가지 않는 것이 가장 좋은 방법이다.

04 알곡과 가라지 추수

계시록 14장 내용 요약_셋째 화 기간 ✍

마지막 수확, 알곡과 가라지 추수

14:1~3	144,000명이 부르는 노래
14:4~5	세상에 더럽히지 않은 순결한 성도들
14:6~7	첫째 천사가 전할 영원한 복음
14:8	둘째 천사가 바벨론 멸망 선포
14:9~11	셋째 천사가 우상숭배하고 짐승표를 받으면 지옥간다고 함
14:12	짐승표를 받지 않고 믿음을 지킨 자는 복 있다 함
14:13	대환난을 보지 않고 죽은 자는 복 있다 함
14:14~15	알곡과 가라지 심판
14:16	예수님이 알곡을 추수함
14:17~20	천사가 가라지를 거두어 처리함

💬

셋째 화 기간 끝에 가면 일곱 대접 재앙(최후심판) 전에 알곡과 가라지를 구분하신다. 알곡은 거두어 하늘나라로 옮겨 재앙을 피하게 하고, 가라지에게만 재앙을 내려 심판하신다.

즉 칭찬받는 성도와 교회, 그리고 책망받는 성도와 교회를 구분하여 심판하신다.

1) 144,000명처럼 마귀, 세상, 짐승에게 더럽히지 않는 자는 구원하신다.

2) 영적 타락과 포도주에 취한 자들을 심판하신다.

3) 알곡과 가라지를 고르는 마지막 추수를 하신다.

144,000명이 부르는 노래

계 14:1 "또 내가 보니 보라 어린 양이 시온 산에 섰고 그와 함께 십사만 사천이 서 있는데 그들의 이마에는 어린 양의 이름과 그 아버지의 이름을 쓴 것이 있더라"

구원받은 인을 맞은 사람들이 예수님 앞에 서 있다.

계 14:2 "내가 하늘에서 나는 소리를 들으니 많은 물 소리와도 같고 큰 우렛소리와도 같은데 내가 들은 소리는 거문고 타는 자들이 그 거문고를 타는 것 같더라"

하나님의 음성을 표현한 말씀이다.

계 14:3 "그들이 보좌 앞과 네 생물과 장로들 앞에서 새 노래를 부르니 땅에서 속량함을 받은 십사만 사천 밖에는 능히 이 노래를 배울 자가 없더라"

구원받은 사람들이 하나님 앞에서 새 노래를 부른다.

세상에 더럽히지 않은 순결한 성도들

계 14:4 "이 사람들은 여자와 더불어 더럽히지 아니하고 순결한 자라 어린 양이 어디로 인도하든지 따라가는 자며 사람 가운데에서 속량함을 받아 처음 익은 열매로 하나님과 어린 양에게 속한 자들이니"

계 14:5 "그 입에 거짓말이 없고 흠이 없는 자들이더라"

'여자와 더불어 더럽히지 아니하고'에서 '여자'는 음녀를 말한다.

즉 마귀, 악령, 짐승, 타락한 세상에 취한 성도를 가리킨다.

'더럽히지 아니하고'라는 것은 믿음을 지켜 예수님을 사랑하고 계명을 끝까지 지킨 것을 말한다.

여자가 순결을 지킨 것처럼 세상 철학을 따르지 않고 믿음을 지킨 성도들이다.

예수님의 말씀에 절대적으로 순종한 사람들이며, '처음 익은 열매'는 처음에 들림받은 성도들이다. 그들은 거짓말이 없고 정직한 사람들이며 신앙에 흠이 없는 자들이다.

첫째 천사가 전할 영원한 복음

계 14:6 "또 보니 다른 천사가 공중에 날아가는데 땅에 거주하는 자들 곧 모든 민족과 종족과 방언과 백성에게 전할 영원한 복음을 가졌더라"

계 14:7 "그가 큰 음성으로 이르되 하나님을 두려워하며 그에게 영광을 돌리라 이는 그의 심판의 시간이 이르렀음이니 하늘과 땅과 바다와 물들의 근원을 만드신 이를 경배하라 하더라"

하나님의 '심판의 시간'이 가까이 왔으니 깨어서 믿음생활 잘하고 하나님을 진심으로 경배하라는 말씀이다.

둘째 천사가 바벨론의 멸망 선포

계 14:8 "또 다른 천사 곧 둘째가 그 뒤를 따라 말하되 무너졌도다 무너졌도다 큰 성 바벨론이여 모든 나라에게 그의 음행으로 말미암아 진노의 포도주를 먹이던 자로다 하더라"

큰 성 바벨론은 세상의 도시와 지구를 말한다.

계 14:9 "또 다른 천사 곧 셋째가 그 뒤를 따라 큰 음성으로 이르되 만일 누구든지 짐승과 그의 우상에게 경배하고 이마에나 손에 표를 받으면"

계 14:10 "그도 하나님의 진노의 포도주를 마시리니 그 진노의 잔에 섞인 것이 없이 부은 포도주라 거룩한 천사들 앞과 어린 양 앞에서 불과 유황으로 고난을 받으리니"

계 14:11 "그 고난의 연기가 세세토록 올라가리로다 짐승과 그의 우상에게 경배하고 그의 이름 표를 받는 자는 누구든지 밤낮 쉼을 얻지 못하리라 하더라"

짐승표를 받지 않고 믿음을 지킨 자는 복 있다 함

계 14:12 "성도들의 인내가 여기 있나니 그들은 하나님의 계명과 예수에 대한 믿음을 지키는 자니라.

대환난을 보지 않고 죽은 자는 복이 있다 함

계 14:13 "또 내가 들으니 하늘에서 음성이 나서 이르되 기록하라 지금 이후로 주 안에서 죽는 자들은 복이 있도다 하시매 성령이 이르시되 그러하다 그들이 수고를 그치고 쉬리니 이는 그들의 행한 일이 따름이라 하시더라"

알곡과 가라지 심판

계 14:14 "또 내가 보니 흰 구름이 있고 구름 위에 인자와 같은 이가 앉으셨는데 그 머리에는 금 면류관이 있고 그 손에는 예리한 낫을 가졌더라"

인자 같은 이는 예수 그리스도이시다.

계 14:15 "또 다른 천사가 성전으로부터 나와 구름 위에 앉은 이를 향하여 큰
음성으로 외쳐 이르되 당신의 낫을 휘둘러 거두소서 땅의 곡식이 다
익어 거둘 때가 이르렀음이니이다 하니"

예수님이 알곡을 추수함

계 14:16 "구름 위에 앉으신 이가 낫을 땅에 휘두르매 땅의 곡식이 거두어지
니라"

천사가 가라지를 거두어 처리함

계 14:17 "또 다른 천사가 하늘에 있는 성전에서 나오는데 역시 예리한 낫을 가
졌더라"

계 14:18 "또 불을 다스리는 다른 천사가 제단으로부터 나와 예리한 낫 가진 자
를 향하여 큰 음성으로 불러 이르되 네 예리한 낫을 휘둘러 땅의 포도
송이를 거두라 그 포도가 익었느니라 하더라"

계 14:19 "천사가 낫을 땅에 휘둘러 땅의 포도를 거두어 하나님의 진노의 큰 포
도주 틀에 던지매"

계 14:20 "성 밖에서 그 틀이 밟히니 틀에서 피가 나서 말 굴레에까지 닿았고
천육백 스다디온에 퍼졌더라"

해석하지 않고 제목만 봐도 이해할 수 있다.

계시록 15장 내용 요약_셋째 화 기간

일곱 대접 재앙을 준비하는 모습

15:1 일곱 대접 재앙으로 마지막 심판

15:2~4 짐승과 우상과 **666**표를 이기고 벗어난 자 들림받음

15:5~8 일곱 금 대접 재앙을 받은 천사 등장

들림 성구 예시 ③

(계 15:2) "또 내가 보니 불이 섞인 유리 바다 같은 것이 있고 짐승과 그의 우상과 그의 이름의 수를 이기고 벗어난 자들이 유리 바다 가에 서서 하나님의 거문고를 가지고"

마지막 심판인 일곱 대접 재앙을 내리기 전에 구원받을 신앙을 가진 자는 하나님 앞으로 먼저 올라간다는 말씀이다. 그래서 마지막 재앙과 심판을 받지 않게 배려하는 것이다. 이들이 알곡이다.

일곱 대접 재앙으로 마지막 심판

계 15:1 "또 하늘에 크고 이상한 다른 이적을 보매 일곱 천사가 일곱 재앙을
가졌으니 곧 마지막 재앙이라 하나님의 진노가 이것으로 마치리로다"

짐승과 우상과 666표를 이기고 벗어난 자 들림받음

계 15:2 "또 내가 보니 불이 섞인 유리 바다 같은 것이 있고 짐승과 그의 우상
과 그의 이름의 수를 이기고 벗어난 자들이 유리 바다 가에 서서 하나
님의 거문고를 가지고"

마지막 심판이 있기 전에 구원받은 자들은 하나님 앞에 서서 하나님을
경배한다. 이들이 알곡이다.

이들은 짐승과 우상에게 경배하지 않고 666표를 받지 않고, 짐승의 수
를 믿음으로 거절하여 이기고 벗어난 자들이다. 이들이 하나님 나라에
들어와 있다.

마지막에라도 구원을 받은 성도는 복 있는 자들이다.

계 15:3 "하나님의 종 모세의 노래, 어린 양의 노래를 불러 이르되 주 하나님
곧 전능하신 이시여 하시는 일이 크고 놀라우시도다 만국의 왕이시여
주의 길이 의롭고 참되시도다"

계 15:4 "주여 누가 주의 이름을 두려워하지 아니하며 영화롭게 하지 아니하
오리이까 오직 주만 거룩하시니이다 주의 의로우신 일이 나타났으매
만국이 와서 주께 경배하리이다 하더라"

일곱 금 대접 재앙을 받은 천사 등장

계 15:5 "또 이 일 후에 내가 보니 하늘에 증거 장막의 성전이 열리며"

계 15:6 "일곱 재앙을 가진 일곱 천사가 성전으로부터 나와 맑고 빛난 세마포 옷을 입고 가슴에 금 띠를 띠고"

계 15:7 "네 생물 중의 하나가 영원토록 살아 계신 하나님의 진노를 가득히 담은 금 대접 일곱을 그 일곱 천사들에게 주니"

계 15:8 "하나님의 영광과 능력으로 말미암아 성전에 연기가 가득 차매 일곱 천사의 일곱 재앙이 마치기까지는 성전에 능히 들어갈 자가 없더라"

일곱 재앙을 가진 천사가 하늘 성전에서 나와 금 대접 일곱을 받아, 세상에 부어 심판한다. 이 심판이 마치기까지 더 이상 아무도 구원받을 자가 없다고 말한다.

06   일곱 대접 재앙

💬

마지막 재앙이요 최후심판인 일곱 대접의 심판이 땅에 내려진다.

일곱 대접으로 심판하라는 명령을 내림

계 16:1 "또 내가 들으니 성전에서 큰 음성이 나서 일곱 천사에게 말하되 너희
는 가서 하나님의 진노의 일곱 대접을 땅에 쏟으라 하더라"

첫째 대접을 땅에 쏟음_땅에 재앙. 독한 종기 생김

계 16:2 "첫째 천사가 가서 그 대접을 땅에 쏟으매 짐승의 표를 받은 사람들과
그 우상에게 경배하는 자들에게 악하고 독한 종기가 나더라"

땅에 있는 사람들이 독한 종기로 고통을 받는다. 짐승표를 받은 사람,
우상숭배자가 고통을 받는다. 하나님을 믿지 않고 하나님의 백성을 괴
롭혔던 사람들이 하나님의 진노로 더 큰 고통을 받는다.

하나님은 행한 대로 갚는다고 하셨다. 잘났다고 자만하고 교만하던 사
람들이 공의로운 심판을 받는 것이다.

그리고 믿음이 적어 육신이 살고자 짐승표를 받은 사람들도 고통을 받
는다.

둘째 대접 재앙 쏟음_바다에 재앙. 바다 생물 전멸함

계 16:3 "둘째 천사가 그 대접을 바다에 쏟으매 바다가 곧 죽은 자의 피 같이
되니 바다 가운데 모든 생물이 죽더라"

바다의 모든 생물이 죽어 먹거리가 없어진다.

셋째 대접 재앙 쏟음_강과 물에 재앙. 피가 됨

계 16:4 "셋째 천사가 그 대접을 강과 물 근원에 쏟으매 피가 되더라"

계 16:5 "내가 들으니 물을 차지한 천사가 이르되 전에도 계셨고 지금도 계신 거룩하신 이여 이렇게 심판하시니 의로우시도다"

계 16:6 "그들이 성도들과 선지자들의 피를 흘렸으므로 그들에게 피를 마시게 하신 것이 합당하니이다 하더라"

계 16:7 "또 내가 들으니 제단이 말하기를 그러하다 주 하나님 곧 전능하신 이 시여 심판하시는 것이 참되시고 의로우시도다 하더라"

행한 대로 갚으시는 하나님께서 물에 재앙을 내려 피가 되게 하신다. 성도와 하나님의 종들에게 피 흘리게 하는 고통을 주고 목숨을 빼앗은 일에 대한 심판으로 물을 먹지 못하게 하고 피를 마시게 하신 것이다.

넷째 대접 재앙_공중의 해가 뜨거워져 사람들 죽음

계 16:8 "넷째 천사가 그 대접을 해에 쏟으매 해가 권세를 받아 불로 사람들을 태우니"

독한 종기로 고통받고, 먹을 것이 없어 고통받고, 물은 없고 피만 있는 고통을 겪는 중에 태양이 뜨거워져 사람들이 불에 타 죽는 것처럼 고통을 받는다.

계 16:9 "사람들이 크게 태움에 태워진지라 이 재앙들을 행하는 권세를 가지 신 하나님의 이름을 비방하며 또 회개하지 아니하고 주께 영광을 돌리 지 아니하더라"

불에 태워지는 고통과 죽음이 있다. 그러나 다시는 천국에 들어오는 회 개의 영을 주지 않기 때문에 하나님을 비방하며 죽는다.

이제는 늦은 것이다. 기회가 다시는 없는 것이다. 그러므로 지금 기회 가 있을 때 회개하고 죄사함 받고 하나님을 경외하라.

다섯째 대접 재앙_짐승의 왕좌에 재앙. 혀를 깨뭄

계 16:10 "또 다섯째 천사가 그 대접을 짐승의 왕좌에 쏟으니 그 나라가 곧 어두워지며 사람들이 아파서 자기 혀를 깨물고"

계 16:11 "아픈 것과 종기로 말미암아 하늘의 하나님을 비방하고 그들의 행위를 회개하지 아니하더라"

땅의 왕좌에 있는 사람들과 높은 자리에 있는 사람들과 부유한 사람들이 교만으로 기독교인을 무시했다. 하나님은 그들이 잘못 생각했다는 것을 재앙으로 보여주신다.

너무 괴로워서 혀를 깨물 정도로 심하게 고통을 받는다. 그리고 회개의 기회는 주지 않는다.

여섯째 대접 재앙_강물이 마름

계 16:12 "또 여섯째 천사가 그 대접을 큰 강 유브라데에 쏟으매 강물이 말라서 동방에서 오는 왕들의 길이 예비되었더라"

강물이 재앙을 받으니 말라 없어졌다. 가뭄이 매우 심하다는 것이다. 가뭄으로 물이 없는 지구는 모든 식물과 동물이 죽는다. 사람도 고통스럽다.

귀신의 영이 전쟁을 준비함

계 16:13 "또 내가 보매 개구리 같은 세 더러운 영이 용의 입과 짐승의 입과 거짓 선지자의 입에서 나오니"

계 16:14 "그들은 귀신의 영이라 이적을 행하여 온 천하 왕들에게 가서 하나님 곧 전능하신 이의 큰 날에 있을 전쟁을 위하여 그들을 모으더라"

거짓 선지자의 입에서 귀신의 영이 나왔다. 이 말씀은 거짓 선지자 속에 귀신이 들어있어 예언했다는 것이다.

용의 입에서도 귀신이 나왔다. 마귀와 거짓 선지자는 같은 부류이다.

거짓 선지자는 가짜 하나님의 종들이다. 그들도 일곱 대접의 심판을 받는 것이다.

가짜 하나님의 종들을 분별하는 은혜가 있어야 한다. 그래야 속지 않는다. 목회자라고 모두 믿지 말기를 바란다.

깨어 있는 자가 복 있음

계 16:15 "보라 내가 도둑 같이 오리니 누구든지 깨어 자기 옷을 지켜 벌거벗고 다니지 아니하며 자기의 부끄러움을 보이지 아니하는 자는 복이 있도다"

일곱 교회 중에 라오디게아 교인들에게 한 말씀과 같다. 이런 무서운 심판을 받지 않으려면 영적으로 깨어 있어야 한다. 예수님이 언제 도둑같이 재림하실지 모르기 때문에 항상 준비하고 있어야 한다.

깨어 있어서 죄를 범하지 않고 세상을 쫓아가지도 않고 말씀을 지키며 사는 사람들이 복이 있다.

아마겟돈으로 왕들이 모임

계 16:16 "세 영이 히브리어로 아마겟돈이라 하는 곳으로 왕들을 모으더라"

☞ 여러 가지 해석

1) 이스라엘을 공격하려고 므깃도에 여러 나라의 왕들이 모인다. 아마겟돈은 '므깃도'라고 해석하는 사람들의 주장이다.

2) 상징적인 해석이다.

다음 말씀 (계 16:17~21)을 보면 큰 지진이 일어나면서 도시와 사람들이 없어지고 산과 섬들도 없어진다. 또 큰 우박이 내려 사람들이 죽어 없어진다. 즉, 아마겟돈은 천재지변으로 세상 마지막 심판을 상징적으로 말한 것이라는 해석이다.

하나님은 능히 천재지변으로 노아의 시대와 같이 심판하실 수 있다고 믿는다.

필자는 2)번을 지지한다.

일곱째 대접 재앙_큰 지진, 큰 우박, 만국이 무너짐

계 16:17 "일곱째 천사가 그 대접을 공중에 쏟으매 큰 음성이 성전에서 보좌로부터 나서 이르되 되었다 하시니"

계 16:18 "번개와 음성들과 우렛소리가 있고 또 큰 지진이 있어 얼마나 큰지 사람이 땅에 있어 온 이래로 이같이 큰 지진이 없었더라"

계 16:19 "큰 성이 세 갈래로 갈라지고 만국의 성들도 무너지니 큰 성 바벨론이 하나님 앞에 기억하신 바 되어 그의 맹렬한 진노의 포도주 잔을 받으매"

계 16:20 "각 섬도 없어지고 산악도 간 데 없더라"

창조 이후로 가장 큰 지진에 도시와 산, 섬들이 사라지면서 사람도 함께 죽어 없어진다. 그리고 지옥으로 떨어진다.

계 16:21 "또 무게가 한 달란트나 되는 큰 우박이 하늘로부터 사람들에게 내리매 사람들이 그 우박의 재앙 때문에 하나님을 비방하니 그 재앙이 심히 큼이러라"

하늘이 진노하여 큰 우박이 내려 지진과 함께 땅의 도시와 사람을 심판한다.

07 큰 음녀 심판

셋째 화 심판 때 음녀부터 심판하신다. 알곡과 가라지 심판, 일곱 대접 심판할 때 하는 것과 같다. 여기서는 상세하게 기록했다.

'음녀'는 타락한 기독교 모든 종파의 지도자, 교회, 성도를 말한다.

음녀(기독교 종파의 지도자)가 두 짐승과 단합, 성도들에게 짐승표를 받게 하고 타락하게 한다.

계 17:1 "또 일곱 대접을 가진 일곱 천사 중 하나가 와서 내게 말하여 이르되
이리로 오라 많은 물 위에 앉은 큰 음녀가 받을 심판을 네게 보이리라"

'큰 음녀'는 타락한 기독교의 큰 종파와 지도자를 말한다.

기독교의 큰 종파가 바리새인처럼 하나님께 심판받는 것이다.

넓게는 잘못된 교회와 목회자, 그리고 성도를 말한다. 그러므로 자신을
살피고 깨어 있어야 한다.

땅의 임금이 음녀와 음행함

계 17:2 "땅의 임금들도 그와 더불어 음행하였고 땅에 사는 자들도 그 음행의
포도주에 취하였다 하고"

음녀는 세상 임금들과 같이 세상에 취하여 살았다.

술에 취한 사람처럼 정신없이 세상 향락과 세상 것에 취하여, 하나님의
말씀을 버리고 불의를 행하며 거짓을 정의라고 하고 살았다.

이런 기독교 종파와 교회와 교회 지도자와 성도를 심판하신다.

음녀가 붉은 짐승(마귀)을 탐

계 17:3 "곧 성령으로 나를 데리고 광야로 가니라 내가 보니 여자가 붉은 빛
짐승을 탔는데 그 짐승의 몸에 하나님을 모독하는 이름들이 가득하고
일곱 머리와 열 뿔이 있으며"

'여자'는 음녀를 말한다.

'짐승'은 마귀가 세운 세계 지도자이다.

음녀가 세상 지도자와 단합하여 하나님의 이름을 욕되게 하고 있다.

음녀가 세상 사치로 가득함

계 17:4 "그 여자는 자주 빛과 붉은 빛 옷을 입고 금과 보석과 진주로 꾸미고 손에 금 잔을 가졌는데 가증한 물건과 그의 음행의 더러운 것들이 가득하더라"

음녀는 세상 명예와 빛나는 옷과 보석과 사치로 자신을 꾸몄다. 하나님 말씀을 사랑하는 것보다 세상에 대한 사랑으로 가득 찼다. 그리고 자신을 높이고 살았다.

하나님은 이것을 음행으로 보시고 심판하신다.

음녀의 어미는 멸망한 바벨론

계 17:5 "그의 이마에 이름이 기록되었으니 비밀이라, 큰 바벨론이라, 땅의 음녀들과 가증한 것들의 어미라 하였더라"

음녀의 이마에 새겨진 비밀이 있다. 멸망하는 짐승표가 있다. 그것은 멸망하는 바벨론과 같다. 음녀의 어미는 멸망하는 바벨론이다. 바벨론과 같은 도시는 가증한 것으로 가득 차 있다. 음녀는 가증한 것을 좋아했다.

교회와 성도도 하나님께서 가증하다고 하는 것을 좋아하면 멸망이다.

음녀가 바른 성도들을 괴롭히고 죽임

계 17:6 "또 내가 보매 이 여자가 성도들의 피와 예수의 증인들의 피에 취한지라 내가 그 여자를 보고 놀랍게 여기고 크게 놀랍게 여기니"

음녀가 바르게 사는 성도들을 박해하고 죽여서 피가 취할 정도로 가득했다. 요한이 그 음녀를 보고 크게 놀랍게 여겼다고 한다.

음녀가 세상 지도자들과 단합함

계 17:7 "천사가 이르되 왜 놀랍게 여기느냐 내가 여자와 그가 탄 일곱 머리와 열 뿔 가진 짐승의 비밀을 네게 이르리라"

요한이 놀라니 천사가 음녀와 일곱 머리와 열 뿔 짐승의 비밀을 가르쳐 준다.

짐승이 무저갱에서 올라옴(마귀, 부하)

계 17:8 "네가 본 짐승은 전에 있었다가 지금은 없으나 장차 무저갱으로부터 올라와 멸망으로 들어갈 자니 땅에 사는 자들로서 창세 이후로 그 이름이 생명책에 기록되지 못한 자들이 이전에 있었다가 지금은 없으나 장차 나올 짐승을 보고 놀랍게 여기리라"

무저갱에서 특별한 짐승이 올라온다.

일곱 머리 해석(일곱 왕)

계 17:9 "지혜 있는 뜻이 여기 있으니 그 일곱 머리는 여자가 앉은 일곱 산이요"

계 17:10 "또 일곱 왕이라 다섯은 망하였고 하나는 있고 다른 하나는 아직 이르지 아니하였으나 이르면 반드시 잠시 동안 머무르리라"

계 17:11 "전에 있었다가 지금 없어진 짐승은 여덟째 왕이니 일곱 중에 속한 자라 그가 멸망으로 들어가리라"

일곱 머리는 일곱 나라 왕이다.

☞ 여러 가지 해석

1) 혹자는 G7이라고 한다.

2) 상징적이라고 한다.

3) 실제로 일어날 일이라고 한다.

필자는 1)번이라고 생각한다.

열 뿔 해석(열 왕)

계 17:12 "네가 보던 열 뿔은 열 왕이니 아직 나라를 얻지 못하였으나 다만 짐
승과 더불어 임금처럼 한동안 권세를 받으리라"

열 뿔은 열 왕이다. 한동안 권세를 얻는다.

일곱 왕이 없어지고 열 왕이 세계적인 결정을 할 수도 있다.

앞으로 G7이 없어지고 G10이 세계의 중요한 결정을 내리는 일이 벌어
질 수도 있다.

음녀가 열 왕과 단합하여 짐승을 숭배하게 하고 짐승표를 받게 한다.

그러니 하나님께서 음녀를 심판하는 것이 의로우시다.

짐승에게 모든 권한을 줌

계 17:13 "그들이 한 뜻을 가지고 자기의 능력과 권세를 짐승에게 주더라"

일곱 왕과 열 왕, 음녀가 권한과 권세를 짐승에게 위임한다.

예수님이 짐승과 싸워서 이김

계 17:14 "그들이 어린 양과 더불어 싸우려니와 어린 양은 만주의 주시요 만왕

의 왕이시므로 그들을 이기실 터이요 또 그와 함께 있는 자들 곧 부르심을 받고 택하심을 받은 진실한 자들도 이기리로다"

영적으로 어린양과 짐승이 싸운다. 예수님과 마귀가 싸운다는 것이다. 하지만 예수님은 만왕의 왕, 만주의 주이시므로 그들을 이긴다. 그리고 구원받은 성도들도 싸움을 이긴다.

지금도 예수님이 성도를 도와주시므로 마귀와의 싸움에서 이긴다. 예수님은 언제나 이기셨다.

음녀는 백성과 열국 위에 앉아 있음

계 17:15 "또 천사가 내게 말하되 네가 본 바 음녀가 앉아 있는 물은 백성과 무리와 열국과 방언들이니라"

음녀는 백성과 열국 위에 앉아 있다. 즉, 여러 나라에 퍼져 있고 그들을 통치하고 있다.

권한 받은 짐승이 타락한 교회와 성도(음녀)를 망하게 함

계 17:16 "네가 본 바 이 열 뿔과 짐승은 음녀를 미워하여 망하게 하고 벌거벗게 하고 그의 살을 먹고 불로 아주 사르리라"

열 왕이 음녀를 미워하여 망하게 하고 없애 버린다.

한때는 동지 같았으나 왕들에게 이용당하고 망한다.

세상 정치인은 믿으면 안 된다.

왕들이 나라를 짐승에게 줌

계 17:17 "이는 하나님이 자기 뜻대로 할 마음을 그들에게 주사 한 뜻을 이루게
하시고 그들의 나라를 그 짐승에게 주게 하시되 하나님의 말씀이 응하
기까지 하심이라"

여러 왕들이 자기 뜻대로 짐승을 세워 그 힘과 권세를 준다. 하나님의
말씀이 임하여 세상을 심판할 때까지 준다.

심판받을 사람들은 자기 뜻대로 살게 하신다. 즉, 이기적인 마음을 주
어 살게 하는 것이다. 그들은 하나님께 유기된 자들이다. 그러므로 이
기적인 마음이 들지 않도록 해야 한다.

매일 하나님 사랑과 이웃 사랑을 실천하여 섬기면 사랑이 많은 성품이
된다.

음녀는 땅의 임금을 다스릴 정도로 큰 권위가 있음

계 17:18 "또 네가 본 그 여자는 땅의 왕들을 다스리는 큰 성이라 하더라"

음녀는 땅의 임금들을 다스리는 큰 성이다. 그래서 가톨릭을 의심하는
것이다.

08 큰 성 바벨론 심판

셋째 화 기간 마지막에 일곱 대접 재앙으로 심판받을 때 세상 나라와 세상의 도시, 그리고 잘나가던 왕들과 높아진 사람들과 부자와 세상을 좋아하고 천년만년 살 것처럼 생각한 사람들의 심판을 구체적으로 기록한 것이다.

큰 권세를 가진 천사의 선포

계 18:1 "이 일 후에 다른 천사가 하늘에서 내려 오는 것을 보니 큰 권세를 가
졌는데 그의 영광으로 땅이 환하여지더라"

큰 권세를 가진 천사가 하늘에서 내려오니 땅이 빛으로 가득해졌다.

하나님은 세상을 빛으로 가득하게 하신다. 마귀는 어두움으로 가득하
게 한다.

세상은 마귀의 부하들이 모이는 곳

계 18:2 "힘찬 음성으로 외쳐 이르되 무너졌도다 무너졌도다 큰 성 바벨론이
여 귀신의 처소와 각종 더러운 영이 모이는 곳과 각종 더럽고 가증한
새들이 모이는 곳이 되었도다"

큰 성 바벨론은 지구 전체를 말한다. 즉, 세상 전부를 말한다.

바벨론 안에 있는 세상 나라와 도시에 귀신이 가득하여 더럽고 추한 곳
이 되었다. 마귀의 역사가 가득한 곳이 되었다는 말이다.

가증한 새들이 모인 곳이 되었다. 죽은 시체를 먹는 새들이 모이는 곳,
죽은 자가 많은 처참한 곳이 되었다는 것이다.

하나님이 처음 창조하셨을 때는 아름다운 곳이었다. 그런데 귀신의 처
소가 되었다. 사람들이 귀신을 좋아하고 숭배하는 '핼러윈' 축제가 전
세계에 퍼졌다.

동성애를 합법화하고 모든 사람이 음란하고, 거짓과 불법과 불의가 가
득하다. 이기적이고 거짓말하는 자가 국가 지도자가 되고, 독재자가 전
쟁을 일으켜 사람을 죽이는 더럽고 가증한 곳이 되었다.

사람들이 죄악으로 죽고 만국이 무너짐

계 18:3 "그 음행의 진노의 포도주로 말미암아 만국이 무너졌으며 또 땅의 왕
들이 그와 더불어 음행하였으며 땅의 상인들도 그 사치의 세력으로 치
부하였도다 하더라"

더럽고 추악한 세상이 되어 성적으로 타락하고 술과 마약에 취해 있고
불의와 악행을 일삼고 땅의 지도자나 권세자, 사업가, 상인, 힘 있는 자,
지식인들도 함께 음행하고 사치하고 치부하였다.

하나님의 백성은 세상 죄악에 참여하지 말라 하심

계 18:4 "또 내가 들으니 하늘로부터 다른 음성이 나서 이르되 내 백성아, 거기
서 나와 그의 죄에 참여하지 말고 그가 받을 재앙들을 받지 말라"

하늘에서 하나님이 "내 백성들은 음행이 가득한 곳에서 나와 죄에 참
여하지 말고 재앙을 받지 말라."고 말씀하신다.

계 18:5 "그의 죄는 하늘에 사무쳤으며 하나님은 그의 불의한 일을 기억하신
지라"

세상 사람들의 죄악이 하늘에 사무쳤으며, 그들의 불의를 하나님이 기
억하고 계신다.

세상 심판의 원칙

계 18:6 "그가 준 그대로 그에게 주고 그의 행위대로 갑절을 갚아 주고 그가
섞은 잔에도 갑절이나 섞어 그에게 주라"

하나님의 법은 그가 행한 것에 갑절로 갚아 주는 것이다.

상 받을 자에게는 상을 주시고, 벌 받을 자에게는 벌을 주신다.

계 18:7 "그가 얼마나 자기를 영화롭게 하였으며 사치하였든지 그만큼 고통과 애통함으로 갚아 주라 그가 마음에 말하기를 나는 여왕으로 앉은 자요 과부가 아니라 결단코 애통함을 당하지 아니하리라 하니"

세상 사람들이 하나님을 떠나 자기 욕심과 이기적인 마음으로 자기를 영화롭게 하고 사치하였으니, 그만큼 고통과 애통함으로 갚아 준다는 것이다.

'나는 여왕처럼 잘살고 있으니 과부처럼 애통함이 없다'고 하지만 고통과 애통함을 받게 될 것이다.

계 18:8 "그러므로 하루 동안에 그 재앙들이 이르리니 곧 사망과 애통함과 흉년이라 그가 또한 불에 살라지리니 그를 심판하시는 주 하나님은 강하신 자이심이라"

하루 동안 즉, 짧은 시간에 사망과 애통함과 흉년의 재앙을 받고 또한 불에 살라진다고 하신다.

세상 모든 사람이 가슴을 치며 통곡함

계 18:9 "그와 함께 음행하고 사치하던 땅의 왕들이 그가 불타는 연기를 보고 위하여 울고 가슴을 치며"

세상에서 귀신을 섬기거나 귀신에게 속아 사치에 빠진 왕들과 사람들은 자기 재산이 불타는 것을 보고 가슴을 치고 통곡한다. 그렇게 믿었던 것들과 권위와 재산들이 없어지는 것을 보고 애통해한다.

계 18:10 "그의 고통을 무서워하여 멀리 서서 이르되 화 있도다 화 있도다 큰 성, 견고한 성 바벨론이여 한 시간에 네 심판이 이르렀다 하리로다"

고통 속에서 무서워하며 "망하였도다. 망하였도다. 세상이 망하였도다. 순식간에 망하였도다."라고 한다.

계 18:11 "땅의 상인들이 그를 위하여 울고 애통하는 것은 다시 그들의 상품을 사는 자가 없음이라"

돈만 최고로 생각하는 상인들이 이제는 상품을 사고파는 자가 없어 모두가 망하였으므로 애통해한다.

계 18:12 "그 상품은 금과 은과 보석과 진주와 세마포와 자주 옷감과 비단과 붉은 옷감이요 각종 향목과 각종 상아 그릇이요 값진 나무와 구리와 철과 대리석으로 만든 각종 그릇이요"

계 18:13 "계피와 향료와 향과 향유와 유향과 포도주와 감람유와 고운 밀가루와 밀이요 소와 양과 말과 수레와 종들과 사람의 영혼들이라"

세상의 각종 값지고 귀중한 것들과 좋은 옷들과 값진 건물 재료와 맛있는 식품들이 필요 없게 되었고, 자신의 영혼까지도 가치가 없어져서 망하였다는 말이다.

세상 사람이 탐하던 것들이 없어짐

계 18:14 "바벨론아 네 영혼이 탐하던 과일이 네게서 떠났으며 맛있는 것들과 빛난 것들이 다 없어졌으니 사람들이 결코 이것들을 다시 보지 못하리로다"

세상 사람들이 탐하고 좋아하던 맛있는 과일과 빛난 것들이 모두 없어졌고 다시는 보지 못한다.

계 18:15 "바벨론으로 말미암아 치부한 이 상품의 상인들이 그의 고통을 무서워하여 멀리 서서 울고 애통하여"

세상 것으로 가득 쌓아놓고 자랑하던 상인들이 고통을 무서워하며 울고 애통해한다.

믿고 살았던 부와 귀가 망하여 통곡함

계 18:16 "이르되 화 있도다 화 있도다 큰 성이여 세마포 옷과 자주 옷과 붉은 옷을 입고 금과 보석과 진주로 꾸민 것인데"

세상 도시들이 비싼 것으로 꾸미고 그 도시에 사는 사람들이 비싼 옷과 비싼 보석으로 치장하며 자신을 자랑하고 과시하였다. 하지만 지금은 망하였다.

계 18:17 "그러한 부가 한 시간에 망하였도다 모든 선장과 각처를 다니는 선객들과 선원들과 바다에서 일하는 자들이 멀리 서서"

부귀와 같은 것들을 자랑하는 사람들이 한순간에 망했다.

바다에서 일하는 선장과 선원들이 멀리 지진과 화산 폭발로 불타 없어지는 도시를 바라보고 있다.

계 18:18 "그가 불타는 연기를 보고 외쳐 이르되 이 큰 성과 같은 성이 어디 있느냐 하며"

계 18:19 "티끌을 자기 머리에 뿌리고 울며 애통하여 외쳐 이르되 화 있도다 화 있도다 이 큰 성이여 바다에서 배 부리는 모든 자들이 너의 보배로운 상품으로 치부하였더니 한 시간에 망하였도다"

보배로운 상품으로 치부하였던 사람들이 "큰 도시는 어디 있느냐? 망하였도다. 망하였도다, 짧은 시간에 망하였도다."하며 티끌을 머리에 뿌리고 울며 애통하며 통곡하는 모습이다.

구원받은 성도들은 심판을 보고 감사함

계 18:20 "하늘과 성도들과 사도들과 선지자들아, 그로 말미암아 즐거워하라 하나님이 너희를 위하여 그에게 심판을 행하셨음이라 하더라"

하늘에서 성도와 하나님의 종들에게 세상 심판을 보고 즐거워하라고 하신다. 하나님이 그들을 위하여 공의로운 심판을 행하셨다는 것이다.

힘센 천사가 지구를 비참하게 심판함

계 18:21 "이에 한 힘 센 천사가 큰 맷돌 같은 돌을 들어 바다에 던져 이르되 큰 성 바벨론이 이같이 비참하게 던져져 결코 다시 보이지 아니하리로다"

한 힘센 천사가 큰 맷돌을 들어 바다에 던진 것처럼, 지구에 있는 도시는 비참하게 심판받아 없어져 다시는 보이지 않을 것이라 하신다.

계 18:22 "또 거문고 타는 자와 풍류하는 자와 통소 부는 자와 나팔 부는 자들의 소리가 결코 다시 네 안에서 들리지 아니하고 어떠한 세공업자든지 결코 다시 네 안에서 보이지 아니하고 또 맷돌 소리가 결코 다시 네 안에서 들리지 아니하고"

수많은 악기 소리와 노래 소리가 들리지 않고, 세공업자도 보이지 않고 곡식을 가는 소리도 다시는 들리지 않는다.

계 18:23 "등불 빛이 결코 다시 네 안에서 비치지 아니하고 신랑과 신부의 음성이 결코 다시 네 안에서 들리지 아니하리로다 너의 상인들은 땅의 왕족들이라 네 복술로 말미암아 만국이 미혹되었도다"

세상의 전깃불이 비치지 않고, 행복한 신랑 신부의 음성과 같은 소리도 다시는 들리지 않는다. 부를 축적하는 상인들, 사업가들과 권세를 자랑하는 왕과 같은 자들도 마귀의 마술과 같은 것에 속아 미혹되어 미쳐 날뛰다가 망하였다.

하나님의 종들과 성도들의 핏값으로 심판함

계 18:24 "선지자들과 성도들과 및 땅 위에서 죽임을 당한 모든 자의 피가 그 성 중에서 발견되었느니라 하더라"

과거에 그 도시에서 기독교인들이 핍박을 당하고 순교를 당하여 그 핏값으로 심판을 받는다. 하나님은 자기 백성의 핏값을 성도를 괴롭힌 자들에게 돌리셨다.

계시록 19장 내용 요약_큰 환난 기간

공중에서 성도는 예수님을 만나고 땅에는 심판이 계속됨

19:1~10 하늘 혼인 잔치(들림받은 자, 구원받은 자)

19:11~21 예수님이 땅을 심판하심

큰 환난이 있는 땅에 첫째 화, 둘째 화, 셋째 화의 심판이 있을 때, 들림받은 성도들은 행복한 결혼식을 하는 것처럼 공중에서 예수님이 베푸시는 잔치에 참여한다.

하늘 혼인 잔치

계 19:1 "이 일 후에 내가 들으니 하늘에 허다한 무리의 큰 음성 같은 것이 있어 이르되 할렐루야 구원과 영광과 능력이 우리 하나님께 있도다"

하나님의 능력으로 구원받았거나 들림받은 사람들은 하나님을 찬양한다. 구원과 능력과 영광이 우리 하나님께 있다고 말하며 경배한다.

계 19:2 "그의 심판은 참되고 의로운지라 음행으로 땅을 더럽게 한 큰 음녀를 심판하사 자기 종들의 피를 그 음녀의 손에 갚으셨도다 하고"

하나님의 심판은 참되고 의롭다. 타락으로 더럽혀진 음녀와 같은 교회와 성도, 교회 지도자를 심판하셔서 참된 하나님 종들의 피를 음녀에게 갚으셨다.

계 19:3 "두 번째로 할렐루야 하니 그 연기가 세세토록 올라가더라"

하나님을 찬송하는 소리가 연기처럼 하나님께 올라갔다.

계 19:4 "또 이십사 장로와 네 생물이 엎드려 보좌에 앉으신 하나님께 경배하여 이르되 아멘 할렐루야 하니"

계 19:5 "보좌에서 음성이 나서 이르시되 하나님의 종들 곧 그를 경외하는 너희들아 작은 자나 큰 자나 다 우리 하나님께 찬송하라 하더라"

계 19:6 "또 내가 들으니 허다한 무리의 음성과도 같고 많은 물 소리와도 같고 큰 우렛소리와도 같은 소리로 이르되 할렐루야 주 우리 하나님 곧 전능하신 이가 통치하시도다"

계 19:7 "우리가 즐거워하고 크게 기뻐하며 그에게 영광을 돌리세 어린 양의 혼인 기약이 이르렀고 그의 아내가 자신을 준비하였으므로"

계 19:8 "그에게 빛나고 깨끗한 세마포 옷을 입도록 허락하셨으니 이 세마포 옷은 성도들의 옳은 행실이로다 하더라"

기약이 이르렀을 때 예수님이 혼인 잔치와 같이 아름답게 준비하시고 성도들을 맞이했다.

예수님의 혼인 잔치에 참여한 성도들은 빛나고 깨끗한 세마포 옷을 입었다. 세마포 옷은 성도의 옳은 행실로 얻은 것이다.

구원받은 성도들은 예수님의 말씀대로 하나님 사랑과 이웃 사랑을 실천하고, 정직하고 성실하고 정의롭고 공의롭게 살아야 한다. 그래서 세상의 빛이 되어야 한다.

성도들은 세상의 악한 것을 버리고 욕심과 거짓을 버려야 한다. 그래야 세마포 옷을 입는다.

계 19:9 "천사가 내게 말하기를 기록하라 어린 양의 혼인 잔치에 청함을 받은 자들은 복이 있도다 하고 또 내게 말하되 이것은 하나님의 참되신 말씀이라 하기로"

사도 요한의 생각을 기록한 것이 아니다. 천사가 기록하여 세상에 전하라고 하여 전한 것이다. 그리고 이렇게 기록한 계시록은 '참된 하나님의 말씀'이라고 하였다.

(계 1:19) "그러므로 네가 본 것과 지금 있는 일과 장차 될 일을 기록하라" 하신 말씀과 일치한다.

계 19:10 "내가 그 발 앞에 엎드려 경배하려 하니 그가 나에게 말하기를 나는 너와 및 예수의 증언을 받은 네 형제들과 같이 된 종이니 삼가 그리하지 말고 오직 하나님께 경배하라 예수의 증언은 예언의 영이라 하더라"

사도 요한이 말씀을 전한 천사에게 엎드려 경배하려 하니 그리하지 말고 하나님께 경배하라고 하였다. 하나님 편에 있는 천사는 자신을 높이

거나 경배를 받지 않는다.

천사가 말하기를 '**나는 너와 및 예수의 증언을 받은 네 형제들과 같이 된 종이니 삼가 그리하지 말고**'라고 하며 자신을 낮추어 경배를 거절한다.

천사를 가장한 악령은 자신을 높이고 영광을 받는다.

성령을 받은 사람은 자신을 낮추어 충성하며 영광을 받지 않고 하나님 께만 돌린다.

성령 받았다고 하는 목회자들이나 능력을 행한 사람들이 자신을 높이 고 자신이 영광을 받는다면 성령 받은 것이 아니고 악령을 받은 것이 다. 자신의 분별력이 없어 착각하고 있는 것이다.

예수님이 백마를 타고 땅을 심판하심

계 19:11 "또 내가 하늘이 열린 것을 보니 보라 백마와 그것을 탄 자가 있으니 그 이름은 충신과 진실이라 그가 공의로 심판하며 싸우더라"

하늘이 열리고 보이는 백마를 탄 자가 공의로 악한 것들과 싸우는데 그 이름이 충신과 진실이다.

계 19:12 "그 눈은 불꽃 같고 그 머리에는 많은 관들이 있고 또 이름 쓴 것 하나 가 있으니 자기밖에 아는 자가 없고"

계 19:13 "또 그가 피 뿌린 옷을 입었는데 그 이름은 하나님의 말씀이라 칭하더라"

이런 분은 예수 그리스도 한 분이시다. 심판하시는 예수님의 권세와 권 위 있는 모습을 보여준 것이다.

계 19:14 "하늘에 있는 군대들이 희고 깨끗한 세마포 옷을 입고 백마를 타고 그 를 따르더라"

하늘의 천군들이 백마를 타고 예수님을 따르는 모습이다.

계 19:15 "그의 입에서 예리한 검이 나오니 그것으로 만국을 치겠고 친히 그들을 철장으로 다스리며 또 친히 하나님 곧 전능하신 이의 맹렬한 진노의 포도주 틀을 밟겠고"

예리한 검: 예수님의 말씀의 검

철장: (헬) '랍도스'. 철로 된 막대기란 뜻이다.

예수님의 말씀으로 만국을 심판하시고 목자의 철처럼 강한 지팡이로 다스리시며, 진노하여 포도주 틀에 포도를 넣고 발로 짓이기는 것처럼 고통스럽게 심판하신다.

계 19:16 "그 옷과 그 다리에 이름을 쓴 것이 있으니 만왕의 왕이요 만주의 주라 하였더라"

만왕의 왕이요, 만주의 주는 예수 그리스도이다.

계 19:17 "또 내가 보니 한 천사가 태양 안에 서서 공중에 나는 모든 새를 향하여 큰 음성으로 외쳐 이르되 와서 하나님의 큰 잔치에 모여"

계 19:18 "왕들의 살과 장군들의 살과 장사들의 살과 말들과 그것을 탄 자들의 살과 자유인들이나 종들이나 작은 자나 큰 자나 모든 자의 살을 먹으라 하더라"

천사가 새들에게 명령하여 심판받아 고통 중에 있는 사람들의 살을 쪼아 먹으라고 한다. 독수리가 시체를 먹는 것 같이 하라고 한 것이다.

계 19:19 "또 내가 보매 그 짐승과 땅의 임금들과 그들의 군대들이 모여 그 말 탄 자와 그의 군대와 더불어 전쟁을 일으키다가"

땅의 짐승과 왕들의 군대가 예수님과 하늘의 군대와 전쟁을 하였다. 하나님께 도전하였다는 것이다.

계 19:20 "짐승이 잡히고 그 앞에서 표적을 행하던 거짓 선지자도 함께 잡혔으니 이는 짐승의 표를 받고 그의 우상에게 경배하던 자들을 표적으로 미혹하던 자라 이 둘이 산 채로 유황불 붙는 못에 던져지고"

땅의 왕들이 세운 지도자(첫째 짐승)와 거짓 선지자(둘째 짐승 즉, 적그리스도)가 하늘 군대에게 져서 잡혔다. 그들은 짐승의 표를 거짓말로 유혹하여 우상을 섬기게 하고, 666표를 받게 하였다.

이 두 짐승은 산채로 유황불 못에 던져졌다. 악을 행한 대로 받는다. 짐승의 시대가 끝났다.

계 19:21 "그 나머지는 말 탄 자의 입으로부터 나오는 검에 죽으매 모든 새가 그들의 살로 배불리더라"

그 나머지 짐승을 따르던 사람들은 심판주의 말씀의 검에 죽고, 새들이 그 시체들을 먹었다.

세상 것을 좋아하고 세상 것으로 힘을 삼고 오만하고 교만한 자들이 비참하게 죽어 심판을 받았다.

이것이 하나님께서 성경에 약속한 공의로운 심판의 모습이다.

그러므로 이 책을 읽는 사람들은 정신 차리기를 바란다.

03

심판 후 모습

REVELATION

제1장 천년왕국과 무저갱

계시록 20장 내용 요약

무저갱과 천년왕국, 그리고 백보좌 심판 이야기

20:1~3	무저갱
20:4~6	천년왕국
20:7~10	천 년이 차고 마귀가 옥에서 잠깐 놓임
20:11~15	백보좌 심판받아 지옥으로 떨어짐

천년왕국설 세 가지

전천년설: 예수님 재림이 천년왕국 전에 있다는 설

후천년설: 예수님 재림이 천년왕국 후에 있다는 설

무천년설: 천년왕국은 상징적이므로 없다는 설

무저갱

계 20:1 "또 내가 보매 천사가 무저갱의 열쇠와 큰 쇠사슬을 그의 손에 가지고
하늘로부터 내려와서"

무저갱은 실제 있는가?

첫 번째 해석: 실제 있다고 본다.

두 번째 해석: 없다고 본다. 본문을 상징적 내용으로 본다.

필자는 있다고 본다. 하나님은 블랙홀도 만드셨다. 무저갱도 있다고 믿
는다.

복음서에 무저갱이 있다고 나온다.

(눅 8:31) "무저갱으로 들어가라 하지 마시기를 간구하더니"

사도 바울도 무저갱을 말한다.

(롬 10:7) "혹은 누가 무저갱에 내려가겠느냐 하지 말라 하니 내려가겠느냐
함은 그리스도를 죽은 자 가운데서 모셔 올리려는 것이라"

사도 요한도 있다고 말한다.

(계 9:1) "다섯째 천사가 나팔을 불매 내가 보니 하늘에서 땅에 떨어진 별 하
나가 있는데 그가 무저갱의 열쇠를 받았더라"

(계 9:2) "그가 무저갱을 여니 그 구멍에서 큰 화덕의 연기 같은 연기가 올라
오매 해와 공기가 그 구멍의 연기로 말미암아 어두워지며"

(계 9:11) "그들에게 왕이 있으니 무저갱의 사자라 히브리어로는 그 이름이
아바돈이요 헬라어로는 그 이름이 아볼루온이더라"

(계 11:7) "그들이 그 증언을 마칠 때에 무저갱으로부터 올라오는 짐승이 그
들과 더불어 전쟁을 일으켜 그들을 이기고 그들을 죽일 터인즉"

그러므로 무저갱은 실제로 있다고 본다.

계 20:2 "용을 잡으니 곧 옛 뱀이요 마귀요 사탄이라 잡아서 천 년 동안 결박하여"

계 20:3 "무저갱에 던져 넣어 잠그고 그 위에 인봉하여 천 년이 차도록 다시는 만국을 미혹하지 못하게 하였는데 그 후에는 반드시 잠깐 놓이리라"

무저갱에 던져진 마귀와 그의 부하들은 천 년 동안 나오지 못하게 가둔다. 그래야 사람들을 미혹하지 못한다.

'다시는 만국을 미혹하지 못하게 하였는데' 이 말씀을 볼 때 만국이 존재하고 있다. 지구가 아직 존재한다는 것을 알 수 있다. 그러므로 구원받은 자는 천 년 동안 지구에서 왕 노릇 한다는 뜻이 되기도 한다.

'그 후에는 반드시 잠깐 놓이리라'라는 말씀은 무저갱에 던져 넣었다가 천 년이 지난 후에 잠깐 놓아준다는 말씀이다.

왜 놓아주시는가?

필자도 모른다.

(마 6:34) "그러므로 내일 일을 위하여 염려하지 말라 내일 일은 내일이 염려할 것이요 한 날의 괴로움은 그 날로 족하니라" 하신 말씀대로 살면 된다.

왜 천 년 후의 일까지 알고 싶어 하는가?

그것은 하나님의 영역이다. 우리가 걱정할 일이 아니다. 모르면서 아는 척할 필요도 없다.

천년왕국

계 20:4 "또 내가 보좌들을 보니 거기에 앉은 자들이 있어 심판하는 권세를 받았더라 또 내가 보니 예수를 증언함과 하나님의 말씀 때문에 목 베임을 당한 자들의 영혼들과 또 짐승과 그의 우상에게 경배하지 아니하고 그들의 이마와 손에 그의 표를 받지 아니한 자들이 살아서 그리스도와 더불어 천 년 동안 왕 노릇 하니"

'그리스도와 더불어 천 년 동안 왕 노릇 하니'라는 말씀을 근거로 천년 왕국이란 말이 나왔다. 그리고 천년왕국은 예수님이 직접 통치하신다. 그럼, 천년왕국에 들어가는 자들은 누구인가?

'예수를 증언함과 하나님의 말씀 때문에 목 베임을 당한 자들의 영혼들 과 또 짐승과 그의 우상에게 경배하지 아니하고 그들의 이마와 손에 그 의 표를 받지 아니한 자들이 살아서' 들어간다.

여기서 '**살아서**'라는 말씀이 여러 해석을 가능하게 한다.

1) 공중 혼인 잔치에 참여하는 사람들은 살아서 들어간다는 것이다.

2) 셋째 화 때 우상숭배 하지 않고 666표나 짐승의 표를 받지 않은 자 가 육신이 살아서 들어간다는 것이다.

필자는 어느 것이든 들어가기만 하면 된다. 나머지는 하나님께서 알아 서 하실 일이다.

계 20:5 "(그 나머지 죽은 자들은 그 천 년이 차기까지 살지 못하더라) 이는 첫 째 부활이라"

'(그 나머지 죽은 자들은 그 천 년이 차기까지 살지 못하더라)' 이 말씀 의 해석은 난해한 부분이다.

1) 셋째 화 심판 때 짐승의 표를 받지 않고 피난처로 피하여 육신이 살 아서 천년왕국에 들어간 사람들은 천 년을 살지 못하고 죽는다는 뜻으로 해석하는 설도 있다.

2) 첫째 부활에 참여하지 못한 자는 천 년이 차기까지 부활하지 못한 다고 해석하기도 한다.

'이는 첫째 부활이라'라는 뜻은 구원받은 사람이 육체가 부활하여 그리스도와 더불어 천 년 동안 왕처럼 산다는 것이다.

필자는 2)번에 동의한다.

계 20:6 "이 첫째 부활에 참여하는 자들은 복이 있고 거룩하도다 둘째 사망이 그들을 다스리는 권세가 없고 도리어 그들이 하나님과 그리스도의 제 사장이 되어 천 년 동안 그리스도와 더불어 왕 노릇 하리라"

'둘째 사망이 그들을 다스리는 권세가 없고'라는 말씀은 천년왕국에 들 어간 사람들은 둘째 사망 즉, 영원한 지옥에 떨어지는 것이 없다는 것 이다.

구약의 제사장처럼 하나님을 직접 만나면서 왕처럼 자유롭게 천 년을 산다는 복된 말씀이다.

그러므로 천년왕국에는 구원받은 사람만 들어온다고 본다.

천 년이 차서 마귀가 옥에서 잠깐 놓임

계 20:7 "천 년이 차매 사탄이 그 옥에서 놓여"

계 20:8 "나와서 땅의 사방 백성 곧 곡과 마곡을 미혹하고 모아 싸움을 붙이리 니 그 수가 바다의 모래 같으리라"

☞ '땅의 사방 백성'의 여러 가지 해석

1) 사람이 살고 있는 지구의 땅으로 본다(사람).

2) 상징적으로 보는 견해도 있다(무천년설).

☞ '곡과 마곡'의 여러 가지 해석

1) 러시아와 북쪽 국가들이 모여 이스라엘을 공격한다는 것이다.

2) 정체를 알 수 없는 마귀와 같은 적들이 이스라엘을 공격한다는 뜻

이다.

3) 현재 역사 속에서 악의 세력이 성도를 공격하나, 하나님의 도우심으로 마귀의 세력을 물리쳐 주신다는 비유다.

4) 천 년 후에 마귀와 부하들은 땅에 사는 성도들을 대적하기 위해서 모이지만 하나님이 싸워 지옥으로 보낸다는 것이다(필자는 이것을 믿고 싶다).

(계 20:6) "이 첫째 부활에 참여하는 자들은 복이 있고 거룩하도다 둘째 사망이 그들을 다스리는 권세가 없고"라고 말씀하셨다. 그러므로 7~8절 말씀은 정확하게 모르겠다.

이것도 그때 가면 알 수 있을 것이다. 하나님의 영역에 두고자 한다.

계 20:9 "그들이 지면에 널리 퍼져 성도들의 진과 사랑하시는 성을 두르매 하늘에서 불이 내려와 그들을 태워버리고"

계 20:10 "또 그들을 미혹하는 마귀가 불과 유황 못에 던져지니 거기는 그 짐승과 거짓 선지자도 있어 세세토록 밤낮 괴로움을 받으리라"

마지막은 불로 태워버리신다. 하나님은 소돔과 고모라처럼 태우실 수 있다. 마귀, 짐승, 거짓 선지자도 유황불 속에 던져지고 세세토록 괴로움을 받는다.

이것으로 하나님이 언약하신 심판은 끝난다.

백보좌 심판받아 지옥으로 떨어짐

계 20:11 "또 내가 크고 흰 보좌와 그 위에 앉으신 이를 보니 땅과 하늘이 그 앞에서 피하여 간 데 없더라"

흰 보좌에 앉으신 하나님이 계시는데 처음 창조한 하늘과 땅은 보이지

제1장 천년왕국과 무저갱 **155**

않는다. 이런 상황이라면 천년왕국 후에 지구가 없어지고 나서 백보좌 심판을 받는 것 같다.

계 20:12 "또 내가 보니 죽은 자들이 큰 자나 작은 자나 그 보좌 앞에 서 있는데 책들이 펴 있고 또 다른 책이 펴졌으니 곧 생명책이라 죽은 자들이 자기 행위를 따라 책들에 기록된 대로 심판을 받으니"

죽은 자들이 자기 행위를 따라 책에 기록된 대로 심판을 받는다. 이미 첫째 부활에 들어간 사람은 둘째 사망이 없다고 하셨으므로 이 심판을 받지 않는다.

둘째 사망에 들어갈 사람들이 자기 죄를 알아야 하므로 죄를 알려 주고 심판하는 것이다.

계 20:13 "바다가 그 가운데에서 죽은 자들을 내주고 또 사망과 음부도 그 가운데에서 죽은 자들을 내주매 각 사람이 자기의 행위대로 심판을 받고"

사고로 죽었든 자연사로 죽었든 첫째 부활에 참여하지 못한 사람은 자기 행위대로 심판을 받아 둘째 사망에 처해 진다

계 20:14 "사망과 음부도 불못에 던져지니 이것은 둘째 사망 곧 불못이라"

사람을 죽이는 '사망', 죽어서 가는 '음부'도 모두 둘째 사망에 던져져 다시는 사람을 괴롭게 하지 못하게 없애 버린다.

계 20:15 "누구든지 생명책에 기록되지 못한 자는 불못에 던져지더라"

생명책에 기록되지 못한 사람은 모두 불못에 던져진다.

REVELATION

제2장 하늘나라의 모습

요한계시록 21장~22장

01 천국의 모습 1

계시록 21장 내용 요약 ✍️

구원받은 자가 들어가는 하나님 나라의 모습

21:1~2	새 하늘과 새 땅의 모습(하나님 나라)
21:3~4	사람의 눈물, 사망, 애통이 없는 곳
21:5	하나님이 만물을 새롭게 만드심
21:6~7	믿음으로 이기는 자가 들어감
21:8	영벌 받는 자가 들어가는 지옥
21:9~21	천사가 보여주는 새 예루살렘의 모습
21:22	하나님 나라 성전의 모습
21:23~24	하나님이 천국의 생명의 빛이심
21:25	하나님 나라는 밤이 없음
21:26	모든 영광을 하나님께 드림
21:27	천국에 들어가지 못하는 자들의 속성

새 하늘과 새 땅의 모습(하나님 나라)

계 21:1 "또 내가 새 하늘과 새 땅을 보니 처음 하늘과 처음 땅이 없어졌고 바다도 다시 있지 않더라"

구원받은 성도들을 위해 하나님께서 새 하늘과 새 땅을 창조하셨다. 현재 우리가 살고 있던 땅과 하늘은 없어졌다.

계 21:2 "또 내가 보매 거룩한 성 새 예루살렘이 하나님께로부터 하늘에서 내려오니 그 준비한 것이 신부가 남편을 위하여 단장한 것 같더라"

새 하늘나라는 결혼식 날 단장한 신부처럼 아름답다는 비유이다.

사람의 눈물, 사망, 애통이 없는 곳

계 21:3 "내가 들으니 보좌에서 큰 음성이 나서 이르되 보라 하나님의 장막이 사람들과 함께 있으매 하나님이 그들과 함께 계시리니 그들은 하나님의 백성이 되고 하나님은 친히 그들과 함께 계셔서"

계 21:4 "모든 눈물을 그 눈에서 닦아 주시니 다시는 사망이 없고 애통하는 것이나 곡하는 것이나 아픈 것이 다시 있지 아니하리니 처음 것들이 다 지나갔음이러라"

하나님 나라는 하나님이 직접 통치하시고, 사람이 눈물을 흘릴 이유가 없고 죽음이 없고 슬퍼하는 것도 없고 곡하는 것이나 질병이 없다.

하나님이 만물을 새롭게 만드심

계 21:5 "보좌에 앉으신 이가 이르시되 보라 내가 만물을 새롭게 하노라 하시고 또 이르시되 이 말은 신실하고 참되니 기록하라 하시고"

하나님은 만물을 새롭게 만드셨고, 신실하고 참된 말씀이므로 기록하라고 하신다.

믿음으로 이기는 자가 들어감

계 21:6 "또 내게 말씀하시되 이루었도다 나는 알파와 오메가요 처음과 마지막이라 내가 생명수 샘물을 목마른 자에게 값없이 주리니"

계 21:7 "이기는 자는 이것들을 상속으로 받으리라 나는 그의 하나님이 되고 그는 내 아들이 되리라"

하나님 나라는 세상에서 믿음으로 마귀와 세상을 이기는 자들이 들어가고, 그들은 하나님의 자녀가 된다.

영벌 받는 자가 들어가는 지옥

계 21:8 "그러나 두려워하는 자들과 믿지 아니하는 자들과 흉악한 자들과 살인자들과 음행하는 자들과 점술가들과 우상 숭배자들과 거짓말하는 모든 자들은 불과 유황으로 타는 못에 던져지리니 이것이 둘째 사망이라"

천사가 보여주는 새 예루살렘의 모습

계 21:9 "일곱 대접을 가지고 마지막 일곱 재앙을 담은 일곱 천사 중 하나가 나아와서 내게 말하여 이르되 이리 오라 내가 신부 곧 어린 양의 아내를 네게 보이리라 하고"

계 21:10 "성령으로 나를 데리고 크고 높은 산으로 올라가 하나님께로부터 하늘에서 내려오는 거룩한 성 예루살렘을 보이니"

계 21:11 "하나님의 영광이 있어 그 성의 빛이 지극히 귀한 보석 같고 벽옥과 수정 같이 맑더라"

계 21:12 "크고 높은 성곽이 있고 열두 문이 있는데 문에 열두 천사가 있고 그 문들 위에 이름을 썼으니 이스라엘 자손 열두 지파의 이름들이라"

계 21:13 "동쪽에 세 문, 북쪽에 세 문, 남쪽에 세 문, 서쪽에 세 문이니"

계 21:14 "그 성의 성곽에는 열두 기초석이 있고 그 위에는 어린 양의 열두 사도의 열두 이름이 있더라"

계 21:15 "내게 말하는 자가 그 성과 그 문들과 성곽을 측량하려고 금 갈대 자를 가졌더라"

계 21:16 "그 성은 네모가 반듯하여 길이와 너비가 같은지라 그 갈대 자로 그 성을 측량하니 만 이천 스다디온이요 길이와 너비와 높이가 같더라"

계 21:17 "그 성곽을 측량하매 백사십사 규빗이니 사람의 측량 곧 천사의 측량이라"

계 21:18 "그 성곽은 벽옥으로 쌓였고 그 성은 정금인데 맑은 유리 같더라"

계 21:19 "그 성의 성곽의 기초석은 각색 보석으로 꾸몄는데 첫째 기초석은 벽옥이요 둘째는 남보석이요 셋째는 옥수요 넷째는 녹보석이요"

계 21:20 "다섯째는 홍마노요 여섯째는 홍보석이요 일곱째는 황옥이요 여덟째는 녹옥이요 아홉째는 담황옥이요 열째는 비취옥이요 열한째는 청옥이요 열두째는 자수정이라"

계 21:21 "그 열두 문은 열두 진주니 각 문마다 한 개의 진주로 되어 있고 성의 길은 맑은 유리 같은 정금이더라"

☞ 새 예루살렘 성의 구체적인 모습

새 천국의 도시와 집이 아름다운 보석으로 만들어졌다는 뜻은 무엇인가?

1) 실제로 아름다운 보석으로 만들어졌다는 것이다.

2) 빛나는 보석처럼 아름답다는 것이다.

3) 보석이 아름답고 비싼 것처럼 천국의 집은 가치가 높다는 뜻이다.

4) 땅에서 하나님을 위하여 한 일이 없는 사람은 집이 없다는 간증을 많이 들었다. 헌신, 헌금, 이웃을 섬기고 돕는 일 등이 하늘나라의 집을 짓는 재료가 된다는 것이다.

5) 보석의 종류와 뜻의 의미를 알려고 할 필요가 없다는 것이다.

보석은 모두 돌에서 나온다. 세상에서도 좋은 집은 비싼 돌을 많이 사용하였다. 천국에서는 보석으로 지었다고 되어 있으니 하나님께 감사하면 될 일이다. 굳이 돌의 이름과 색깔을 해석하며 의미를 둘 필요가 없다고 생각한다.

하나님 나라 성전의 모습

계 21:22 "성 안에서 내가 성전을 보지 못하였으니 이는 주 하나님 곧 전능하신 이와 및 어린 양이 그 성전이심이라"

하나님이 천국의 생명의 빛이심

계 21:23 "그 성은 해나 달의 비침이 쓸 데 없으니 이는 하나님의 영광이 비치고 어린 양이 그 등불이 되심이라"

계 21:24 "만국이 그 빛 가운데로 다니고 땅의 왕들이 자기 영광을 가지고 그리로 들어가리라"

하나님 나라는 밤이 없음

계 21:25 "낮에 성문들을 도무지 닫지 아니하리니 거기에는 밤이 없음이라"

모든 영광을 하나님께 드림

계 21:26 "사람들이 만국의 영광과 존귀를 가지고 그리로 들어가겠고"

천국에 들어가지 못하는 자들의 속성

계 21:27 "무엇이든지 속된 것이나 가증한 일 또는 거짓말하는 자는 결코 그리로
들어가지 못하되 오직 어린 양의 생명책에 기록된 자들만 들어가리라"
속된 것, 가증한 일, 거짓말하는 자는 들어가지 못하고 생명책에 기록
된 자만 들어간다.

계시록 22장 내용 요약

예수님께서 마지막으로 하시는 말씀

계시록 22장은 특별히 해석하지 않아도 읽기만 하면 이해가 된다. 문자대로 믿으면 된다.

천국의 물과 나무

계 22:1 "또 그가 수정 같이 맑은 생명수의 강을 내게 보이니 하나님과 및 어린 양의 보좌로부터 나와서"

계 22:2 "길 가운데로 흐르더라 강 좌우에 생명나무가 있어 열두 가지 열매를 맺되 달마다 그 열매를 맺고 그 나무 잎사귀들은 만국을 치료하기 위하여 있더라"

다시는 저주가 없는 곳

계 22:3 "다시 저주가 없으며 하나님과 그 어린 양의 보좌가 그 가운데에 있으리니 그의 종들이 그를 섬기며"

모두가 하나님을 보게 됨

계 22:4 "그의 얼굴을 볼 터이요 그의 이름도 그들의 이마에 있으리라"

하나님이 태양과 같은 빛이심

계 22:5 "다시 밤이 없겠고 등불과 햇빛이 쓸 데 없으니 이는 주 하나님이 그들에게 비치심이라 그들이 세세토록 왕 노릇 하리로다"

밤이나 어두움이 없고, 구원받은 사람은 영원토록 왕처럼 자유롭고 행복하게 산다.

요한에게 보여준 것은 신실하고 참된 것임

계 22:6 "또 그가 내게 말하기를 이 말은 신실하고 참된지라 주 곧 선지자들의 영의 하나님이 그의 종들에게 반드시 속히 되어질 일을 보이시려고 그의 천사를 보내셨도다"

이것을 읽고 하나님의 말씀을 지키는 자는 복이 있음

계 22:7 "보라 내가 속히 오리니 이 두루마리의 예언의 말씀을 지키는 자는 복이 있으리라 하더라"

천사는 사람들에게 경배를 받지 않음

계 22:8 "이것들을 보고 들은 자는 나 요한이니 내가 듣고 볼 때에 이 일을 내게 보이던 천사의 발 앞에 경배하려고 엎드렸더니"

계 22:9 "그가 내게 말하기를 나는 너와 네 형제 선지자들과 또 이 두루마리의 말을 지키는 자들과 함께 된 종이니 그리하지 말고 하나님께 경배하라 하더라"

앞에서 설명한 (계 19:10) 해석을 보라.

(계 19:10) "내가 그 발 앞에 엎드려 경배하려 하니 그가 나에게 말하기를 나는 너와 및 예수의 증언을 받은 네 형제들과 같이 된 종이니 삼가 그리하지 말고 오직 하나님께 경배하라 예수의 증언은 예언의 영이라 하더라"

천사는 경배를 받지 않고 하나님께 돌린다.

사람은 이것을 배워야 한다.

현재 살아 있는 사람들에게 전하는 메시지

계 22:10 "또 내게 말하되 이 두루마리의 예언의 말씀을 인봉하지 말라 때가 가까우니라"

이 계시록의 말씀을 봉하지 말고 사람들에게 전하라고 하신다. 그래야 사람들이 깨닫고 재림을 준비하는 신앙을 갖는다.

성도가 불의를 행하면 그대로 두라 하심

계 22:11 "불의를 행하는 자는 그대로 불의를 행하고 더러운 자는 그대로 더럽고 의로운 자는 그대로 의를 행하고 거룩한 자는 그대로 거룩하게 하라"

교회 다니는 성도가 불의를 행하여 권면해도 듣지 않으면 그대로 두라는 말씀이다. 하나님께서 때가 되면 심판하시겠다는 것이다. 말을 안 듣는 사람 때문에 애쓰지 말라는 것이다.

하나님은 상도 주시고 벌도 주시는 확실한 분이시다.

상 받을 일을 행한 사람은 상으로 갚아 주심

계 22:12 "보라 내가 속히 오리니 내가 줄 상이 내게 있어 각 사람에게 그가 행한 대로 갚아 주리라"

하나님께 상과 복을 받으려면 말씀을 지키며 헌신해야 한다. 하나님은 행한 대로 상을 주시는 분이다.

(고전 3:8) "심는 이와 물 주는 이는 한가지이나 각각 자기가 일한 대로 자기의 상을 받으리라"

하나님은 처음과 마지막이심

계 22:13 "나는 알파와 오메가요 처음과 마지막이요 시작과 마침이라"

계 22:14 "자기 두루마기를 빠는 자들은 복이 있으니 이는 그들이 생명나무에 나아가며 문들을 통하여 성에 들어갈 권세를 받으려 함이로다"

'두루마기를 빤다'는 의미는 자기 죄를 회개하고 씻어 깨끗하게 하는 것이다.

이런 죄를 범하는 자는 지옥에 감

계 22:15 "개들과 점술가들과 음행하는 자들과 살인자들과 우상 숭배자들과 및 거짓말을 좋아하며 지어내는 자는 다 성 밖에 있으리라"

개들: 신약에서 '개'는 부정한 사람, 이방인, 그리고 악인들과 같은 사람 에게 부정적인 의미로 사용되었다.

계시를 전하는 분이 예수 그리스도이심

계 22:16 "나 예수는 교회들을 위하여 내 사자를 보내어 이것들을 너희에게 증 언하게 하였노라 나는 다윗의 뿌리요 자손이니 곧 광명한 새벽 별이라 하시더라"

누구든지 와서 말씀을 받아먹으라 하심

계 22:17 "성령과 신부가 말씀하시기를 오라 하시는도다 듣는 자도 오라 할 것 이요 목마른 자도 올 것이요 또 원하는 자는 값없이 생명수를 받으라 하시더라"

말씀보다 더하면 재앙을 더한다 하심

계 22:18 "내가 이 두루마리의 예언의 말씀을 듣는 모든 사람에게 증언하노니 만일 누구든지 이것들 외에 더하면 하나님이 이 두루마리에 기록된 재 앙들을 그에게 더하실 것이요"

말씀에서 제하면 천국에서 제하여 버린다 하심

계 22:19 "만일 누구든지 이 두루마리의 예언의 말씀에서 제하여 버리면 하나 님이 이 두루마리에 기록된 생명나무와 및 거룩한 성에 참여함을 제하 여 버리시리라"

말씀을 가르치는 직책을 가진 사람은 성경을 전할 때 매우 조심해야 한 다. 잘못하면 저주를 받거나 생명책에서 이름이 없어진다.

예수님이 반드시 재림한다고 하심

계 22:20 "이것들을 증언하신 이가 이르시되 내가 진실로 속히 오리라 하시거 늘 아멘 주 예수여 오시옵소서"

예수님이 속히 오셔서 악한 세상을 심판하여 주시고, 구원받은 사람은 하나님 나라에서 살게 하여 주시기를 바란다.

이 예언의 말씀을 읽는 자에게 은혜가 있기를 바라심

계 22:21 "주 예수의 은혜가 모든 자들에게 있을지어다 아멘"

부록

제1장 | 예수님의 세상 종말과 심판의 가르침

1. 마태복음에서 세상 종말과 심판, 그리고 들림을 말씀하심

마가의 다락방에서 마지막 만찬을 하시면서 말씀하셨다.

큰 환난이 있을 것이다 (마 24:21)
(마 24:21) "이는 그 때에 큰 환난이 있겠음이라 창세로부터 지금까지 이런 환난이 없었고 후에도 없으리라"

예수님이 재림한다 (마 24:30)
(마 24:30) "그 때에 인자의 징조가 하늘에서 보이겠고 그 때에 땅의 모든 족속들이 통곡하며 그들이 인자가 구름을 타고 능력과 큰 영광으로 오는 것을 보리라"

들림 사건이 있다 (마 24:31, 40, 41)
(마 24:31, 40, 41) "[31] 그가 큰 나팔소리와 함께 천사들을 보내리니 그들이 그의 택하신 자들을 하늘 이 끝에서 저 끝까지 사방에서 모으리라 [40] 그 때에 두 사람이 밭에 있으매 한 사람은 데려가고 한 사람은 버려둠을 당할 것이요 [41] 두 여자가 맷돌질을 하고 있으매 한 사람은 데려가고 한 사람은 버려둠을 당할 것이니라"

깨어 있으라 (마 24:42, 44)
(마 24:42, 44) "[42] 그러므로 깨어 있으라 어느 날에 너희 주가 임할는지 너희가 알지 못함이니라 [44] 이러므로 너희도 준비하고 있으라 생각하지 않는 때에 인자가 오리라"

172   부록

2. 들림받는 사람과 땅에 남는 사람

예수님은 재림 때 일어날 일을 세 가지 비유로 말씀하셨다.

1) 열 처녀의 비유 (마 25:1~13)

신랑을 맞이하는 슬기로운 다섯 신부는 들림받음

신랑을 맞이하지 못한 미련한 다섯 신부는 들림받지 못함

2) 달란트의 비유 (마 25:14~30)

적은 일에 충성한 종은 칭찬받고 들림받음

적은 일에 불충성한 종은 책망받고 심판받음

3) 양과 염소의 비유 (마 25:31~46)

양의 무리는 칭찬받고 들림받음

염소의 무리는 책망받고 심판받음

마태복음 25장은 읽고 깨닫고 준비하여 들림받으라고 말씀하신 것이다.

절대로 남아서 심판받지 말라는 뜻이다.

제2장 들림 사건 후 땅에 남은 성도가 구원받는 방법

1. 회개해야 한다.

- 세상 정욕으로 산 것
- 땅의 것만 생각하고 산 것
- 하나님을 믿지 않은 것
- 불신앙, 불순종, 불충성한 것
- 하나님과 예수님의 이름을 욕되게 한 것
- 나쁜 짓을 하여 교회 이름을 욕되게 한 것
- 교만, 자만, 오만, 거만했던 것
- 목사나 전도사를 무시하고 멸시한 것
- 교회 질서를 무시하고 자기 성질대로 한 것
- 교회에서 높은 대접받으려 한 것
- 섬기지 않고 대접받으려고 한 것
- 자기 쓸 것은 모두 쓰면서 하나님께 헌금은 인색하게 드린 것
- 돈이 우상이 된 것
- 권력, 명예가 우상이 된 것
- 자신을 우상처럼 소중히 하고 떠받든 것
- 자신의 지위나 돈을 신처럼 떠받든 것
- 남편이나 부인, 혹은 자녀를 신처럼 떠받든 것
- 자신의 지식을 하나님 말씀보다 더 믿은 것
- 성경 말씀대로 살지 못한 것
- 주일성수를 하지 않은 것
- 주일예배를 드리지 않은 것
- 주일에 하나님의 사명 감당하지 않은 것
- 주일에 식당 가고, 경조사에 간 것
- 주일에 여행한 것

- 부모를 공경하지 않은 것
- 부모에게 욕을 한 것
- 부모를 미워한 것, 용서하지 않은 것
- 성도에게 욕한 것
- 사람을 미워한 것, 용서하지 않은 것
- 살인한 것, 간음한 것
- 음란한 것, 음행한 것, 성적인 죄 지은 것
- 도적질한 것
- 하나님의 것을 도둑질한 것
- 가족의 것을 도둑질한 것
- 회사 것을 도둑질한 것
- 거짓말한 것
- 남을 속인 것. 사기 친 것
- 남의 돈을 빌리고 갚지 않은 것
- 이웃에게 피해를 준 것
- 성질부린 것. 폭언, 폭행한 것
- 교인으로서 갑질한 것
- 사원이나 다른 사람을 멸시하고 무시하고 교만하게 대한 것

참된 회개만이 살 길이다.

죄 사함을 받고 죄가 가리어짐을 받는 자는 복 있는 자이다.

(롬 4:7~8) "[7] 불법이 사함을 받고 죄가 가리어짐을 받는 사람들은 복이 있고 [8] 주께서 그 죄를 인정하지 아니하실 사람은 복이 있도다 함과 같으니라"

하나님이 받으시는 회개를 해야 한다.

천국은 죄를 용서받은 사람이 들어간다.

회개할 줄 모르면 죄를 용서받지 못한다(계 9:20~21).

(계 9:20~21) "[20] 이 재앙에 죽지 않고 남은 사람들은 손으로 행한 일을

회개하지 아니하고 오히려 여러 귀신과 또는 보거나 듣거나 다니거나 하지 못하는 금, 은, 동과 목석의 우상에게 절하고 [21] 또 그 살인과 복술과 음행과 도둑질을 회개하지 아니하더라"

2. 시골에 내려가서 농사를 지으면서 구원을 기다려야 한다.

들림 사건 후, 세상은 혼란에 빠지고 경제 환난이 있다.

식량이 부족하여 구입하기가 어려울 것이다.

그리고 계속해서 세상에 큰 사건들이 일어난다.

땅과 바다, 그리고 물과 공중에 재앙이 나타나고 사람에게 치명적인 것들이 계속 일어난다.

그러므로 도시에서는 식량을 구하는 것이 어렵고, 도시에 살면 우상숭배나 짐승표를 받아 식량을 얻는다. 그러니 시골에 가서 직접 재배해 먹어야 안전하다.

시골 땅 100평만 구해도 가족이 먹을 것은 재배할 수 있다.

땅을 구입할 때 산사태가 나지 않을 곳, 장마가 져도 침수되지 않을 곳으로 해야 한다.

몇 년만 참고 생활하면 예수님이 피난처로 옮겨 주실 것이다.

3. 순교하는 믿음으로 살아야 한다.

셋째 화 기간에 들어간 사람은 순교해야 한다.

순교를 못하겠으면 산속으로 들어가 마지막 알곡과 가라지 추수할 때까지 기다려야 한다.

제3장 회개 방법

3일 금식하며 회개한다.

매일 철야 기도하며 회개한다.

회개의 영을 부어 달라고 기도한다.

아침 금식하며 회개한다.

성령 하나님을 심령 속에 영접하는 기도를 계속한다.

제4장 회개 후 신앙생활

1) 순교하려는 마음으로 신앙생활 한다.

2) 육신은 먹는 것만 해결하고 영혼을 위해서 산다.

3) 철저하게 성경 중심으로 산다.

4) 거짓된 유혹에 속지 않는다.

5) 핍박과 고난이 와도 피하면서 이겨야 한다.

6) 굶어 죽어도 우상숭배나 짐승표를 받아서는 안 된다.

7) 짐승이 세운 지도자의 말을 들어서는 안 된다.

8) 적그리스도(가짜 어린양)에게 속아서는 안 된다.

9) 도망가지 말고 순교자가 되는 것이 편하다.

제5장 이단이 종말론을 많이 사용하고 강조하는 이유

1) 진짜 종말이 있으므로 마귀가 사람들을 속이기 위함이다.

2) 긴장감과 두려움을 주어 자기들을 떠나지 못하게 하려는 것이다.

3) 종말론 해석을 자기들에게 유익하게 해석하여 자기들만 구원이 있는 것처럼 속이기 위함이다.

4) 마귀에게 속는 목사는 종말이 없다고 한다.
종말을 잘못 해석한다.
종말을 전하는 목회자를 잘못된 사람이라고 비난한다.

5) 이단들이 종말론을 이용하여 나쁜 짓을 하게 하고, 그 사실이 세상에 알려져서 예수님의 재림과 심판이 허무맹랑한 이야기인 것처럼 속이려고 한다.

6) 마귀는 속여서 모두 지옥으로 끌고 가려고 한다.

제6장 예수 그리스도께서 세상 종말과 심판을 기록하게 하신 목적

1) 그리스도인들이 구원받게 하려 함이다.

2) 땅에서의 성공을 내려놓고 하늘나라에서 성공하기를 바람이다.

3) 육신보다 영혼이 중요하다는 것을 깨우치기 위함이다.

4) 심판과 재림을 미리 준비하게 하려 함이다.

5) 모든 사람이 멸망 받지 않고 구원받기를 바라심이다.

6) 하나님의 사람을 향한 사랑하는 마음을 전하기 위함이다.

7) 믿는 자는 복이 됨을 알게 하려 하심이다.

"십자가의 길은 사람을 살리는 길입니다."

양육교재

인간의 삶 (개정판)　　값 5,000원

인간이 고통을 당하는 이유를 성경을 통해 명확하게 알려주며 자신의 모습을 돌아보게 합니다.

새로운 삶 (개정판)　　값 5,000원

하나님을 알고 살아가는 삶이 새로운 삶임을 깨닫게 하며, 가르치는 자와 배우는 자가 동일하게 세워지도록 합니다.

제자의 삶 (개정판)　　값 5,000원

예수님의 진정한 제자는 어떻게 살아야 하는가를 성경적으로 권면합니다.

축복의 삶 (개정판)　　값 5,000원

하나님의 자녀로서 축복받는 삶이 무엇인가를 배우며 기쁨과 감사함으로 살아가게 합니다.

기도학교　　값 3,500원

기도에 대해서 알고 싶어하고 배우고 싶어하는 성도들을 위해 하나님께서 들어주시는 올바른 기도를 가르쳐 줍니다.

새가족학교　　값 5,000원

교회에 나오는 새가족들이 궁금해 하는 모든 내용들을 정리하여 그들의 궁금증을 해결해 주어 정착하도록 돕습니다.

전인치유학교 (성도용)　　값 9,000원

어떻게 하면 하나님이 사람을 치료하는 것을 찾아볼까 하는 고민 중에 본 치유 프로그램이 만들어졌습니다. 이 치유 프로그램은 성경적인 치유를 전제로 만들어졌습니다. 인본적인 치유가 아니라 성경적인 치유 프로그램인 것입니다.

전인치유학교 (리더용)　　값 10,000원

어떻게 하면 하나님이 사람을 치료하는 것을 찾아볼까 하는 고민 중에 본 치유 프로그램이 만들어졌습니다. 이 치유 프로그램은 성경적인 치유를 전제로 만들어졌습니다. 인본적인 치유가 아니라 성경적인 치유 프로그램인 것입니다.

목자예비학교　　값 4,500원

평신도 리더로서 사역할 수 있도록 모든 소그룹 인도 방법을 자세하게 가르쳐 줍니다.

전도학교 (예수전도법)　　값 7,000원

예수전도법을 통하여 불신자를 전도하는 모든 방법을 가르쳐 전도는 누구나 할 수 있다는 자신감을 갖게 합니다.

교회학교 양육교재

인간의 삶 (교회학교)
값 3,500원

새로운 삶 (교회학교)
값 3,500원

제자의 삶 (교회학교)
값 3,500원

축복의 삶 (교회학교)
값 3,500원

새가족학교 (교회학교)
값 4,500원

세계교회는 십자가의 길로 간다 값 8,000원

십자가의 길은 독자들에게 비전과 소망을 줄 것입니다. 목회의 목마름을 해갈해 줄 것입니다.

아울러 본 저서는 목회를 잘 해 보고자 하는 열심있는 목회자들과 목회에 지친 분들에게 새 힘을 불어넣는 좋은 책이 될 것입니다.

목회자가 반드시 알아야 할 36가지(상) 값 13,000원

목회를 하면서 많은 시행착오를 겪었습니다. 누군가 코치를 해 주는 사람이 있었으면 좋았을텐데 불행히도 없었습니다. 문제가 생길 때마다 좌절도 하고 낙심도 하였지만 다행히 하나님께서 해결해 주셔서 어려운 목회 문제를 풀 수 있었습니다. 그리고 많은 은혜를 주셨습니다. 이 책이 나와 같은 목회자들에게 도움이 되었으면 좋겠습니다.

목회자가 반드시 알아야 할 36가지(하) 값 13,000원

목회는 모르면 어렵고 알면 쉬운 것입니다. 이 책을 통해서 목회를 배우고 지금의 길을 달려가서 성공하는 목회자들이 많이 나오기를 원합니다.

이 책을 읽는 분들은 많은 도전을 받고 하나님이 원하시는 참된 목회를 추구할 것입니다. 그리고 하나님의 종이 된 것을 기뻐하고 감사드리며 헌신하게 될 것입니다.

예수그리스도께서 가르쳐 주신 기도와 능력 값 10,000원

기도하는 많은 사람들을 새로운 기도의 세계로 인도할 것입니다. 주님이 가르쳐 주신 기도순서로 기도하면 깊은 영성을 소유하게 될 것입니다. 그리고 절대로 잘못된 기도는 하지 않게 될 것입니다. 또 놀라운 영적 경험을 하게 될 것입니다. 자신이 변화하는 것을 느끼게 되며, 치유의 역사가 속에서 일어나는 것을 느낄 것입니다.

기도훈련집(스프링/포켓용)

값 9,000원
값 4,000원

이 기도문은 그리스도께서 하신 기도입니다. 지금까지 자기 욕심을 이루려는 기도를 드렸고 하나님을 괴롭게 하는 기도를 드렸음을 발견하게 될 것입니다. 또한 자신의 영혼이 깨끗해지고 마음이 청결해지는 것을 느끼게 될 것입니다.

교회건강검진 값 10,000원

건강한 교회와 성장하는 교회는 다른 시각으로 보아야 합니다. 건강하지 못해도 성장하는 교회가 있습니다. 이런 교회는 바람직하지 못합니다. 교회는 하나님 보시기에 건강해야 하고 또 성장해야 합니다. 그러기 위해서 검사 방법이 정확해야 합니다. 여기에 그 방법을 소개합니다.

폭발적 목장영적추수행사 값 3,500원

목장영적추수행사는 좀 더 체계적으로 훈련하여 성도의 생각을 바꾸고 생활 속에서 신앙적으로 전도 활동과 목장 집회를 갖도록 하는 획기적인 책입니다.

이 책이 제시하는 대로 시행한다면 누구든지 전도를 할 수 있으며 목장도 활성화되는 결과를 얻게 될 것입니다.

52주 목장집회 1, 2 각 값 6,000원

예배는 구원 받은 사람들이 하나님을 경외하는 것입니다. 집회는 사람들이 모여서 하나님의 은혜 받기를 사모하는 것입니다. 예배와 집회는 전혀 다른 성격을 띠고 있습니다. 목장 집회는 하나님의 은혜를 받기 위한 특별한 모임입니다. 목장 집회의 중요한 리더 만들기와 기도셀, 사랑의 실천, 불신자를 위한 모임 등을 실천하도록 하였습니다.

생명을 얻는 길 (상) 값 2,500원

태신자의 눈높이에 맞춘 맞춤식 양육 교재입니다. 철저히 태신자의 입장에서 그들의 문제를 해결하고 있는 것이 본서의 특징입니다. 또한 기존 성도들도 태신자를 양육하면서 은혜 받고 하나님이 원하시는 신앙으로 바뀌게 됩니다. '생명을 얻는 길'은 미니 전도지와 함께 사용하면 양육 효과가 더욱 크게 나타납니다.

영혼의 찬양 값 5,500원

십자가선교센터에서 선정한 200곡의 주옥 같은 찬양을 수록하였습니다.

너희는 이렇게 기도하라 값 7,000원

하루를 여는 새벽시간에 개인적으로 읽고 묵상하며 경건의 시간을 갖도록 되어 있습니다. 교회에서 21일 특별 새벽기도회 기간에 활용하시면 큰 은혜의 시간이 될 것입니다.

유아세례 학습서 값 8,000원

아이들에게 있어 부모의 신앙은 매우 중요합니다. 그 이유는 아이들이 부모의 신앙을 그대로 배우기 때문입니다. 그러므로 유아세례를 줄 때 부모를 함께 철저하게 교육시킬 필요가 있습니다.

현대인들은 매우 바쁘고 복잡하게 살아갑니다. 그들에게 복음을 전하기란 쉽지 않습니다.
이와 같은 문제점을 해결하고자 **52출판**에서는 **5분 안에 어느 누구에게든지 시간과 장소에
국한되지 않고 복음**을 전하는 **맞춤 전도지**를 만들었습니다. 하나님의 나라가 우리나라
가운데 임하길 기도드립니다.

❶ 복된 소식
값 300원
죄의 문제 해결과 구원에 대한 진리를 선포하고 있습니다.

❷ 5분 복음제시
값 300원
죄의 문제 해결과 하나님을 믿으면 좋은 것에 대하여 설명합니다.

❸ 인생을 아십니까?
값 300원
인생무상과 가치있는 삶에 대한 해결책을 제시합니다.

❹ 도를 아십니까?
값 300원
사람이 가야 할 참된 인생의 길과 후회없는 삶을 제시합니다.

❺ 사람은 왜 고난이 많습니까?
값 300원
사람의 고난과 고통의 문제에서 벗어나 평안하게 사는 길을 제시합니다.

❻ 질병이 치료됩니다
값 300원
질병에서 벗어나 기적을 경험하는 삶을 제시합니다.

❼ 자신의 미래를 아십니까?
값 300원
사람은 자신의 미래에 대해서 궁금해 합니다. 그 미래에 대한 명쾌한 해답을 제시합니다.

❽ 인생문제 해결을 원하십니까?
값 300원
모든 사람은 문제를 안고 살아갑니다. 문제 해결과 축복의 삶을 제시합니다.

❾ 교회를 쉬고 계십니까?
값 300원
신앙생활을 하다 여러 가지 시험과 문제로 교회를 쉬고 계십니까? 하나님께서는 첫사랑을 회복하기를 원하십니다.

❿ 어떤 종교를 가지고 계십니까?
값 300원
어떤 종교를 가지고 있느냐에 따라서 사후의 삶이 달라집니다. 참 종교의 길을 제시합니다.

십자가의 길 생활 시리즈 (중급반)   **기도훈련집** "너희는 이렇게 기도하라" 시리즈 ②~⑤

교회생활 값 5,000원   가정생활 값 5,000원   헌신생활 값 5,000원   복된생활 값 5,000원   유치유년기도훈련집 값 9,000원   초등부기도훈련집 값 7,000원

목자학교 값 7,000원   전인성품치유학교 값 7,000원   지도자훈련학교 값 5,000원   소원기도모임 값 5,000원   청소년기도훈련집 값 8,000원   노년부기도훈련집 값 9,000원

홈페이지 http://www.52ch.kr 02)2617-2044, 2685-0423